LE SYNDROME DE PINOCCHIO

André Pratte

LE SYNDROME DE PINOCCHIO

Essai sur le mensonge en politique

Boréal

Les Éditions du Boréal sont inscrites au Programme de subvention globale du Conseil des Arts du Canada et reçoivent l'appui de la SODEC.

Conception graphique : Devant le jardin de Bertuch
Illustration de la couverture : © René Magritte, *La Trahison des images,* 1928-1929, Los Angeles County Museum/Kinémage, Montréal, 1997.

Diffusion au Canada : Dimedia
Diffusion et distribution en Europe : Les Éditions du Seuil

Données de catalogage avant publication (Canada)

Pratte, André, 1957-

Le Syndrome de Pinocchio : essai sur le mensonge en politique

ISBN 2-89052-821-9

1. Morale politique. 2. Discours politique. 3. Morale politique – Québec (Province). I. Titre.

JA79.P72   1997   172'.2   C97-940104-6

À Anne Marie
pour un amour qui ne ment pas.

Remerciements

J'ai la chance de compter comme amis deux hommes d'intelligence et d'intégrité. Alain Noël, professeur de science politique à l'Université de Montréal, a lu et relu mon manuscrit avec le même soin que celui qu'il apporte aux travaux de ses étudiants. Je lui en suis profondément reconnaissant, de même que pour son infaillible amitié. Au-delà de ses précieux conseils, Alain Gravel, reporter à l'émission *Le Point* de Radio-Canada, m'a inspiré par sa franchise, son acharnement, sa colère et son inquiétude.

D'autres personnes — amis, collègues et universitaires — ont eu à subir de longues discussions sur le mensonge, discussions sans lesquelles cet essai ne serait pas ce qu'il est. Je leur en sais gré, de même qu'à ceux qui m'ont fourni renseignements, documents et enregistrements.

« Tu devrais apprendre à taper à la machine ! », m'a conseillé maman quand j'avais dix ans. Je lui dois cela, et tout le reste pour lequel je ne l'ai jamais remerciée.

Les premiers symptômes

On reconnaît tout de suite les mensonges, mon enfant, parce qu'il y en a de deux sortes : il y a les mensonges qui ont les jambes courtes, et les mensonges
qui ont le nez long ; les tiens, justement, sont de
ceux qui ont le nez long.

La Fée, dans *Pinocchio*

Sa voix caverneuse coulait dans mon micro comme du miel. Du premier rang de la meute de journalistes qui se pressait contre la star, je
pouvais apprécier la qualité de son complet, goûter la précision de son
nœud de cravate, admirer l'éclat de ses chaussures. Le dos raide, les bras
pendants, l'élégant versait une larme sur le sort des chômeurs canadiens. Mais ses paroles sonnaient faux. Les chômeurs ? Brian Mulroney
rêvait de pouvoir.

Ce fut mon dernier *scrum* à la Chambre des communes — ces
bousculades qui tiennent lieu de conférences de presse. Après trois ans
en tant que correspondant politique à Ottawa, de 1981 à 1984, je ren-
trais à Montréal. Cette ultime rencontre avec celui qui allait bientôt
devenir premier ministre du Canada me rappela pourquoi un si bref
séjour m'avait paru tellement long.

Je rêvais de « couvrir » la politique depuis l'enfance. Je me voyais en
Guy Lamarche, en Jean-Marc Poliquin, en Bernard Derome, côtoyant

les grands du monde politique. Imaginez ma fébrilité lorsque, un matin parfait de septembre 1981, jeunot engoncé dans un costume neuf, j'empruntai l'allée fleurie menant à la tour de la Paix !

La désillusion fut brutale. Je mis peu de temps à réaliser que ces politiciens que j'admirais de loin n'étaient que de vulgaires lutteurs, prêts à tout pour ravir à l'adversaire la grosse ceinture dorée du pouvoir. Prêts, surtout, à dire n'importe quoi qui soit rentable. À mentir à tour de bras.

Je découvris qu'à Ottawa même l'architecture était hypocrite. Le parlement, cet édifice d'une rare dignité, n'était-il pas le temple du mensonge ? De tous bords, tous côtés, toutes idéologies confondues, des ministres les plus brillants aux députés les plus stupides, tous cachaient, contournaient, déformaient systématiquement la vérité, au point de se rendre ridicules, comme Pinocchio avec son encombrant nez. Sauf que, contrairement à l'espiègle pantin sorti de l'imagination de Collodi, les politiciens ne semblaient ressentir ni honte, ni embarras. Aveuglés par les limousines, les caméras et la beauté de leurs attachées de presse, ils continuaient de jouer les importants, c'est-à-dire à jongler avec leurs principes.

Quant aux journalistes, la plupart étaient trop occupés à fraterniser avec les élus et à mémérer au Press Club pour s'offusquer de ce qui se produisait sous leurs yeux. Je me souviens d'un matin où un reporter de la presse écrite, que j'admirais depuis longtemps, jouissait de la gloire éphémère que procure un scoop. Il s'agissait, je crois, de rumeurs de dissensions au sein du caucus libéral. Son texte avait fait la une. Jaloux, ses collègues le narguaient, l'accusant d'avoir exagéré les faits pour gonfler l'importance de sa primeur. À mon grand étonnement, le journaliste éclata de rire : « J'en ai mis pas mal, mais ça fait une maudite bonne histoire ! »

Je quittai donc Ottawa avec dans la bouche un goût d'amertume. Un goût qui ne fit que s'amplifier au cours des années subséquentes alors que je fus presque toujours mêlé à la couverture politique, d'une façon ou d'une autre, de près ou de loin.

Cette amertume, c'est la saveur de la trahison. Comment peuvent-ils mépriser à ce point le peuple qui les élit ? C'est aussi le goût de la déception. Déception à l'égard des journalistes, à commencer par moi-même, qui ne semblent avoir ni l'énergie ni le courage de découvrir et de dénoncer cette tromperie permanente. Déception à l'endroit du peuple qui, tout en déblatérant sans cesse contre ses représentants, paraît incapable de réagir devant le mensonge, allant jusqu'à le récompenser par ses votes.

* * *

« C'est pas vraiment un mensonge, ça ! » L'homme s'est donné une définition très restrictive du mensonge, de sorte qu'il puisse mentir à l'envi sans en porter l'odieux. Dans la vie privée, on parlera d'omission, de restriction mentale, d'exagération. Nul doute qu'il s'agisse bien là de mensonges. On refuse simplement de l'admettre.

Le même phénomène existe dans la vie publique. Les politiciens sont prêts à concéder qu'ils caricaturent les faits, qu'ils en cachent d'autres, qu'ils présentent toujours leurs actions sous un jour favorable, qu'ils ne veulent pas voir le revers de la médaille. Mais admettre qu'ils mentent, jamais ! Le mot « mensonge » est réservé à des comportements grossiers et répétés. Réservé, autrement dit, aux Richard Nixon de ce monde. Je prétends, au contraire, et c'est la raison d'être de ce livre, que le mensonge est omniprésent. Qu'il a envahi, tel un virus, le langage politique moderne. Et qu'il affaiblit notre démocratie.

Qu'est-ce donc qu'un mensonge ? Les philosophes s'interrogent à ce sujet depuis des siècles. Qu'est-ce que la vérité ? Existe-t-elle seulement ? Une erreur commise de bonne foi est-elle un mensonge ? Celui qui croit en son mensonge peut-il être qualifié de menteur ? Y a-t-il des circonstances qui rendent le mensonge acceptable ? Je n'ai pas la compétence pour m'immiscer dans ces débats auxquels ont participé les esprits les plus brillants de l'humanité. La définition la plus simple me paraît la meilleure. Elle correspond, en tout cas, à ce que je crois. C'est, bêtement, celle du dictionnaire. Mentir, c'est « affirmer ce qu'on sait être faux, nier ou taire ce qu'on devrait dire[1] ». En vertu de cette définition, les exagérations partisanes, les cachotteries, les demi-vérités, les restrictions mentales, sont toutes des mensonges. Et ceux qui les commettent, des menteurs.

Plusieurs trouveront cette définition trop englobante. Certes, les mensonges n'ont pas tous la même gravité. Saint Augustin en avait

---

1. *Le Petit Robert*, édition de 1972.

identifié huit degrés, et discuté longuement du caractère plus ou moins admissible de chacun. Je me garderai bien d'un tel exercice. Au risque d'être taxé d'angélisme, j'essaierai de montrer dans les pages qui suivent qu'admettre une tromperie, fût-elle relativement bénigne, c'est s'exposer à devoir les admettre toutes.

Dans la vie privée, certains mensonges se révèlent peut-être utiles parce qu'ils servent à lubrifier les relations sociales. Quel mal peut-il y avoir, dans le fond, à faire croire à un collègue de travail que vous êtes malheureusement pris le soir du party auquel il vous convie? On admettra, par contre, que le mensonge porte plus à conséquence lorsqu'il se produit au sein d'une relation fondée sur la confiance et sur l'obligation mutuelle, un mariage par exemple. Voilà la logique qui rend intolérable le mensonge dans la vie publique.

Le gouvernement démocratique est une sorte de fiducie. Le peuple cède à des mandataires le soin d'administrer la chose publique. Mais il se réserve d'évaluer leur travail à intervalles réguliers, et s'il en est insatisfait de les congédier. Il y a là relation de confiance, mais aussi contrat explicite, fondé sur le droit qu'ont les citoyens de choisir leurs gouvernants. Or, pour que la démocratie soit authentique, la population doit pouvoir faire ce choix en toute connaissance de cause, disposer de toutes les informations nécessaires. C'est-à-dire de la vérité. « Ce régime, fondé sur la libre détermination des grands choix par la majorité, se condamne lui-même à mort si les citoyens qui effectuent ces choix se prononcent presque tous dans l'ignorance des réalités », fait remarquer le philosophe français Jean-François Revel[2].

En démocratie, par conséquent, le peuple a droit à la vérité. Ce principe souffre peut-être des exceptions, mais celles-ci ne devraient servir qu'à confirmer la règle. Le mensonge politique constitue un abus de confiance et un bris de contrat. Il est donc condamnable, quels qu'en soient la forme et le degré. Point.

*   *   *

« Ça a toujours été comme ça ! » Nombreux sont ceux qui croient, notamment parmi les politiciens et les journalistes, que le mensonge

---

2. Revel, p. 12. (Sauf indication contraire, les notes renvoient aux ouvrages cités en bibliographie.)

fait partie intégrante de la vie politique, que ce fut toujours le cas et qu'on ne peut y échapper. Possible. Bien avant Machiavel, des penseurs ont jugé légitime que les gouvernants mentent aux gouvernés. « Mais le mensonge dans les discours ? [N'est-il pas] parfois utile à certains, de façon à ne pas mériter la haine ? » interrogeait Platon dans *La République*[3]. « Et s'il appartient à d'autres de mentir, précisait-il, c'est aux chefs de la cité, pour tromper, dans l'intérêt de la cité, les ennemis ou les citoyens ; à toute autre personne le mensonge est interdit[4] [...] »

Estimant le peuple incapable de choisir ses gouvernants judicieusement, Platon s'opposait à la démocratie athénienne et prônait plutôt une sorte d'aristocratie des philosophes. Cela n'empêche pas nos politiciens de suivre ses préceptes à la lettre, perdant de vue que, comme l'a écrit la philosophe Sissela Bok, pionnière américaine de l'étude du mensonge, « tromper le peuple pour le bien du peuple est une notion qui n'a pas de sens en démocratie[5] ». Mensonge et démocratie sont antinomiques, car les gouvernants se font seuls juges de l'opportunité de la tromperie ; le peuple ne peut être ni consulté ni informé.

De Platon à nos jours, le mal s'est transmis de génération en génération, de système politique en système politique, et s'indigner d'un travers aussi ancien serait par conséquent inutile, une perte de temps. Peut-être. Pourtant, il y a toujours eu des injustices, est-ce une raison pour baisser les bras ? Il y a toujours eu des guerres, sont-elles moins répugnantes pour autant ? Le danger, justement, c'est d'accepter. De s'engourdir. Un risque d'autant plus grand aujourd'hui que le mensonge est plus subtil, mieux tourné que jamais. On sent bien que l'artifice est là, mais il ne se laisse pas débusquer facilement. Cette difficulté engendre non pas la révolte et l'acharnement, mais le désabusement. Et, paradoxalement, des sursauts de crédulité. Le peuple a tellement été trompé qu'il veut désespérément croire. Et, chaque fois, il se trompe.

---

3. Platon, *La République*, Garnier-Flammarion, Paris, 1966, p. 132.

4. *Ibid.*, p. 140.

5. Bok, p. 172.

* * *

Ce livre est un essai. C'est-à-dire, pour retourner au dictionnaire, qu'il « traite d'un sujet qu'il n'épuise pas ». Il n'a pas été écrit avec le souci de faire œuvre philosophique ou encyclopédique, mais avec un sentiment d'urgence. On contestera sans doute mes choix, déplorera des absences. La démonstration exhaustive nécessiterait une brique. Il m'a semblé qu'il fallait d'abord un pavé dans la mare.

PREMIÈRE PARTIE

L'épidémie

Petit mensonge deviendra grand

> Car une fois le prestige de la vérité brisé, ou légè-
> rement amoindri, tout redevient douteux.
>
> Saint Augustin

L e syndrome de Pinocchio. L'expression a pour auteur le député libéral Thomas J. Mulcair, de Chomedey, un néophyte qui semble avoir
hérité d'une part du talent oratoire de son ancêtre, Honoré Mercier (sa
grand-mère, Jeanne Mercier, est l'arrière-petite-fille du grand politicien
nationaliste). C'était le 6 juin 1996, à l'Assemblée nationale. « Le syndrome de Pinocchio, ça s'attrape ! » a lancé Mulcair à la tête des péquistes. Savait-il que, par cette petite perle, il résumait un grand pan de
la culture politique occidentale ?

De son siège adossé à un énorme calorifère doré — « Je suis vraiment un *back bencher* ! » — le député visait évidemment les « gens d'en
face ». Cependant, quelques mois plus tard, Mulcair admettra sans mal
que la maladie du mensonge affecte autant les membres de son propre
parti que ceux du Parti québécois. « Je crois que, malheureusement,
d'une manière générale en politique le seul calcul, c'est : "Est-ce que je
risque de me faire pogner ?" Sinon les gens se sentent assez libres de
manipuler les journalistes et de dire n'importe quoi[1]. »

---

1. Entretien avec l'auteur.

Quand on pense à la malhonnêteté intellectuelle des politiciens, ce sont d'abord leurs promesses électorales qui nous viennent à l'esprit. Des promesses, des promesses! Cependant lorsqu'on suit les élus de près on se rend vite compte que le mensonge politique n'est pas réservé aux seules campagnes électorales. Qu'il est quotidien, omniprésent. Qu'il se glisse sournoisement dans les conférences de presse, les *scrums*, les discours, les communiqués. Sans qu'on le voie, sans qu'on le sente, il ronge notre politique comme un cancer le corps d'un insouciant.

Le mensonge fait partie de la boîte à outils de l'homme public, à côté de l'éloquence, du charme, de l'ardeur au travail, de la persévérance et du talent de conciliateur. Contrairement à ces autres outils cependant, le mensonge est indispensable. Un politicien paresseux peut réussir (Ronald Reagan). Un politicien ennuyeux également (Robert Bourassa). Mais celui qui ne sait user du mensonge est voué à l'obscurité.

À certains cette manipulation quotidienne de la vérité paraît bénigne. Mais par leur prolifération, par la place croissante qu'ils prennent dans la culture politique, les petits mensonges ouvrent la voie aux gros, notamment aux tromperies électorales.

Le novice le mieux intentionné n'y échappe pas. Observez la moindre élection au poste de commissaire d'école dans la plus petite commission scolaire, et vous entendrez chaque candidat débiter la même série de faussetés que celles sortant régulièrement de la bouche des ministres les plus influents. Des faussetés du genre : « Je n'ai d'autre ambition que de servir mes électeurs. Le poste de président de la commission scolaire ? Je n'y songe même pas. » Ou, lorsque tout indique qu'il sera battu à plate couture : « Je suis convaincu de pouvoir l'emporter. »

Interrogez n'importe quel politicien débutant — tenez, par exemple, l'un ou l'autre des candidats à une assemblée d'investiture d'un de nos grands partis. Il vous dira qu'il n'est pas un politicien traditionnel, qu'il veut faire de la politique différemment, être honnête et franc… puis il entreprendra de travestir la réalité pour qu'elle lui soit plus favorable, de gommer les côtés moins glorieux de son passé, de dissimuler son opinion au sujet de telle politique controversée de son parti.

À deux pas de l'autel

Juin 1994. Un sous-sol d'église. Le PQ tient une assemblée d'investiture dans la circonscription de Mercier, longtemps représentée par

Gérald Godin. La circonscription est très convoitée. La campagne a donc été particulièrement dure, les coups bas répliquant aux coups bas. Pendant le porte-à-porte, et ce soir-là dans la salle et les couloirs, les insultes et les insinuations pleuvent… sous forme de chuchotements. Les partisans de Giuseppe Sciortino accusent Robert Perreault d'être allé solliciter Gérald Godin sur son lit de mort, le qualifient de « kid kodak » et mettent chacun en garde contre son ambition prétendument démesurée. Les militants de Perreault dénoncent le fait que Sciortino a été « parachuté par le national » et vont jusqu'à proclamer que « si les Italiens veulent avoir leur candidat, qu'ils aillent à Saint-Léonard ». Une vague histoire de pot-de-vin — un réfrigérateur! — circule en coulisse.

Mais pas un mot de tout cela dans les discours, les entrevues ou les dépliants. On parle du rôle du député, de création d'emplois, de souveraineté. Du blabla qui ne concerne en rien la campagne véritable. Lorsque, dans son discours ce soir-là, le candidat Claude Bernard ose lancer quelques flèches à ses adversaires, il est copieusement hué. Il a violé une des règles d'or de la politique interne des partis : les coups en bas de la ceinture sont permis — ils sont même l'arme principale des campagnes d'investiture — mais ne doivent jamais être donnés en public. Hors de ce milieu, on nommerait cette règle « hypocrisie ».

Après le premier tour, mené largement par Perreault, deux des candidats se rallient à Sciortino. On apprendra plus tard qu'un pacte anti-Perreault a été conclu la veille, au cours d'une rencontre secrète. Mais, bien sûr, pendant l'assemblée, motus et bouche cousue.

« M. Sciortino, y a-t-il un mouvement anti-Perreault? demandent les journalistes.

— Je ne sais pas, demandez aux autres…

— M. Bernard, y a-t-il un mouvement anti-Perreault?

— Non, non, on ne fait pas ça contre quelqu'un… »

Un autre candidat, Jean-Louis Hérivault, une recrue d'une intégrité sans faille, a bien du mal à expliquer son ralliement à M. Sciortino. La fatigue et l'émotion aidant, il laisse échapper une petite phrase lourde de sens : « Quand vous voulez militer dans un parti, il faut vous plier à la discipline de parti. » Cependant, lorsqu'on lui rappellera ses propos le lendemain, M. Hérivault niera catégoriquement avoir été l'objet de pressions de la direction du parti. Le mensonge aura repris ses droits.

Ainsi, même à l'échelon inférieur, alors que les enjeux sont somme toute insignifiants, l'*Homo politicus* ment. Pourquoi ? Parce qu'il est convaincu que la vérité sera mal reçue par les électeurs ou par son parti, qu'elle lui fera rater l'objectif qu'il cherche à atteindre. Que cet objectif relève de l'ambition personnelle ou qu'il soit totalement désintéressé (est-ce possible ?), le politicien qui n'est pas prêt à rogner la vérité pour l'atteindre court de forts risques d'échouer.

Dans un texte étonnamment franc sur le sujet, l'ancien ministre Claude Morin explique que les contraintes de la vie politique forcent les élus à « rationner, gérer et organiser » l'information. « C'est-à-dire, écrit M. Morin, à révéler juste ce qu'il faut, mais pas plus. Ou si possible, à ne rien révéler. [...] Rationner, gérer, organiser : trois comportements simultanés, automatiques et complémentaires. Aucune autorité publique n'y échappe, car les responsables gouvernementaux jugent l'alternative — la limpidité totale — comme suicidaire[2]. »

D'autant plus que les organisateurs, ces politicailleux professionnels sans qui personne ne peut être élu, n'ont que faire de la vérité. À la veille du congrès du Parti québécois en novembre 1996, Bertrand Hall, du *Point*, interroge le directeur général du parti, Bob Dufour, un organisateur expérimenté, chargé de faire triompher les positions du chef auprès des militants.

« Vos pointages vous disent que ça va passer ? demande Hall.

— Ben là vous me dites qu'on fait du pointage, j'en fais pas de pointage ! »

Tous ceux qui connaissent M. Dufour ont failli s'étouffer de rire en entendant cela ; dans de telles circonstances TOUT LE MONDE fait du pointage, c'est-à-dire cherche à déterminer combien de délégués sont favorables à chaque option. Le croisant durant le congrès deux jours plus tard, je lui ai demandé pourquoi il avait dit une fausseté aussi patente. « André, tu me connais ! m'a-t-il répondu. J'en fais-tu du pointage, moi ? Mais j'étais pas pour le dire à la T.V. ! Je pouvais pas dire ça, parce que comme directeur général du parti, ça aurait confirmé qu'il y avait un affrontement. Personne ne m'a cru, ça a fait rire tout le monde. Mais j'suis capable de vivre avec ça ! » Un mensonge de plus ou de moins...

---

2. Morin, p. 126.

« Les organisateurs, avoue John Laschinger, contournent tous les règles s'ils croient que ça leur sera utile. Et en vérité, contourner les règles sans se faire prendre leur donne plus de plaisir que tout sauf gagner une élection ou une campagne à la direction[3]. » Paqueter une assemblée? Publier un faux sondage? « Il n'y a pas un organisateur vivant qui n'ait embelli ou inventé des chiffres de sondage », affirme ce vieux pro[4]. Sachant cela, on comprend que mentir « à la T.V. » n'empêche de dormir ni Dufour, ni Laschinger, ni personne de cette curieuse profession.

Même les cœurs purs...

Une fois la barrière morale franchie une première fois, la tolérance de notre néophyte à l'égard du mensonge augmentera en même temps que l'ambition et les enjeux. Même des politiciens qui se sont fait une gloire de leur intégrité ont été pris en flagrant délit de mensonge. La plus récente biographie de Jean Chrétien, œuvre d'un auteur qui a pourtant de la sympathie pour le premier ministre, énumère les nombreuses restrictions mentales qui parsèment la carrière du député de Saint-Maurice. Lawrence Martin souligne par exemple les omissions et les demi-vérités contenues dans l'autobiographie de M. Chrétien, un best-seller qui contribua puissamment à son ascension à la tête du PLC. Pas un mot, notamment, de ses manœuvres électorales de jeunesse (il avait réussi à diviser le vote de l'opposition en convainquant un ami de se présenter pour un parti adverse !). « Pour quelqu'un qui est si fier de son honnêteté et qui avait choisi pour titre *Straight from the Heart* (traduction littérale : « Directement du cœur »), Chrétien prenait bien des détours[5] », constate Martin.

Un incident impliquant Lucien Bouchard est également révélateur. À l'issue d'une tournée américaine durant l'été de 1996, le premier ministre se réjouit du fait que « pas un gouverneur n'a soulevé les questions politiques, les questions d'instabilité, d'incertitude ». Or, à l'insu

3. Laschinger, p. 34.

4. *Ibid.*, p. 95.

5. Martin, p. 353.

du premier ministre, les journalistes ont appris par la bouche d'un adjoint du gouverneur du Massachusetts que celui-ci a bel et bien, quoique brièvement, discuté de la question avec le premier ministre québécois. Le gouvernement Weld a, entre autres choses, demandé à M. Bouchard ce qui arriverait au reste du Canada si le Québec s'en séparait.

Les journalistes sont estomaqués par la déclaration du premier ministre, et veulent s'assurer qu'ils ont bien entendu.

« La souveraineté n'a pas été abordée dans aucun des entretiens ?

— Non, pas que je sache, pas que je me souvienne. [...] Avec les gouverneurs, on a parlé d'économie. Puis quand on a parlé de politique, on a parlé un peu de politique américaine. »

Un reporter anglophone insiste, aiguisant ses questions :

« Est-ce que le gouverneur Weld vous a interrogé au sujet des conséquences de la séparation pour le reste du Canada…

— Non il ne l'a pas fait (*No he did not !*) !

— … ou pour le Québec ?

— Il ne l'a pas fait.

— Il n'en a pas parlé du tout ? ! ?

— Il ne l'a pas fait.

— Pas du tout ?

— Il ne l'a pas fait. »

Fin du *scrum*. Fébriles, les journalistes s'apprêtent à partir. Mais, mis au parfum par ses conseillers, le premier ministre les rappelle. Il n'a d'autre choix que d'admettre son faux pas et de le mettre sur le compte de la fatigue. « Je vous ai demandé si le gouverneur Weld vous avait interrogé sur l'impact de la souveraineté pour le reste du Canada ! » s'étonne le reporter anglophone. « J'ai manqué la question, honnêtement, je l'ai manquée », se défend M. Bouchard.

Fatigue ? Soit. Mais les apparences sont contre le premier ministre. Comme si entre deux risques — celui de dire la vérité et celui de l'embellir — M. Bouchard avait choisi le second. Il semble qu'il s'agisse là d'une sorte de réflexe d'autodéfense chez les politiciens : interrogés sur un sujet controversé, ils commencent par mettre la vérité au rancart. Ils le font d'autant plus aisément que, souvent, leurs mensonges passent inaperçus. Les journalistes n'ont ni le temps, ni les moyens, ni la volonté de vérifier leurs dires. « Tout responsable politique un peu expérimenté qui émet une information, admet Claude Morin, obéit automatiquement au réflexe élémentaire qui consiste à ne pas donner d'armes à l'adversaire et même, si possible, à lui nuire[6]. »

René Lévesque, qui personnifie la franchise dans l'imaginaire politique québécois, disait s'être fait une règle : « Non pas dire tout, on ne peut jamais dire tout ce que l'on pense parce que l'on s'entretuerait, mais au moins ne jamais dire le contraire de ce que je pense. » Pourtant, ne pas tout dire, n'est-ce pas quelque chose comme un mensonge ?

« La dissimulation est un mensonge autant que la falsification, soutient le psychologue américain Paul Ekman, si notre interlocuteur s'attend à ce que toute l'information lui soit révélée[7]. » Ekman donne l'exemple du curriculum vitæ remis à un employeur, situation où existe une « obligation de révéler » même les emplois dont le candidat aurait été congédié. Dans la vie privée, il y a bien des situations où cette obligation n'existe pas, où la « victime » du mensonge ne s'attend pas à ce qu'on lui dise tout, voire ne le souhaite pas. Dans la vie publique, par contre, cette « obligation de révéler » devrait être permanente. Parce qu'une information incomplète gêne le citoyen dans l'exercice de son droit le plus fondamental, l'empêche de porter un jugement éclairé sur la façon dont le gouvernement — son fiduciaire — s'acquitte de sa tâche.

Patiner jusqu'à l'absurde

Voici un autre exemple de l'infiltration des demi-vérités dans le langage politique, d'autant plus édifiant qu'il s'agit d'un incident sans importance. Au lendemain de l'élection du gouvernement péquiste en 1994, les rumeurs vont bon train au sujet du départ du président d'Hydro-Québec, Richard Drouin, un libéral. Le ministre responsable, François Gendron, est interrogé par les journalistes. Est-ce que les jours de M. Drouin sont comptés ? « Je n'ai jamais entendu parler de cela », affirme le ministre. Jamais entendu parler de cela ? M. Gendron n'a donc pas lu les journaux dans les jours précédents ni entendu les rumeurs qui crèvent les tympans de tous les intéressés ? Compte-t-il garder M. Drouin à son poste ? « Je n'en ai aucune idée », répond M. Gendron.

---

6. Morin, p. 115-116.

7. Ekman, dans *Social Research*, p. 803.

Aucune idée? Soyons sérieux : le ministre de l'Énergie n'a *aucune idée* sur l'avenir du président d'Hydro-Québec!?!

On peut comprendre que, la décision du gouvernement n'ayant pas encore été arrêtée en ce qui concerne M. Drouin, le ministre se soit trouvé embarrassé par les questions des journalistes. Mais n'y avait-il pas une façon plus honnête de s'en sortir? Par exemple, en disant tout simplement ce qu'il en était? « Les mensonges politiques, si souvent considérés comme sans importance par ceux qui les disent, le sont rarement, écrit Sissela Bok. Ils ne peuvent être sans importance quand ils affectent tant de gens et quand il est si probable qu'ils seront imités, employés pour répliquer, et étendus de quelques-uns à plusieurs. Quand les élus ou les gouvernements s'arrogent le droit de mentir, ils soutirent du peuple une part de pouvoir qui n'aurait pas été abandonnée volontairement[8]. »

(Le surlendemain de l'exercice de haute voltige du ministre Gendron, M. Drouin était maintenu dans ses fonctions. Il démissionnera quelques mois plus tard.)

Remarquez que les politiciens expérimentés comme M. Gendron patinent généralement avec plus d'élégance et, dans ce domaine, ils cherchent constamment à s'améliorer. « Une chose que les politiciens nous demandent, raconte Louis-Pierre Girard, un conseiller en communications, c'est de leur montrer comment ne pas répondre aux questions[9]. » Girard leur suggère la méthode suivante : « Une technique pour ne pas répondre aux questions en entrevue, c'est de dire : "Je ne peux pas répondre à cette question." Puis d'enchaîner en expliquant pourquoi. » Mais de l'aveu même de Girard, « c'est ben rare » que les politiciens suivent ce conseil de franchise.

Interviewé à la télévision ou à la radio, le politicien sait que le temps joue en sa faveur. Son attaché de presse et lui se sont entendus sur ce qu'il devait dire (sur le message, la « ligne », la *clip*). Il suffit de le répéter encore et encore, peu importe le sens précis de la question de l'intervieweur. Le journaliste est coincé : ou bien il insiste, interrompt les phrases préparées d'avance, pose et repose et rerepose la même question. Le politicien ne cédera pas, les dix minutes seront vite passées, et

---

8. Bok, S., p. 175.

9. Entretien avec l'auteur.

l'auditeur n'aura entendu que cacophonie. Ou bien, ce qui est plus fréquent, le journaliste abandonne après une ou deux tentatives et passe à un autre sujet. Dans les deux cas, le public n'aura rien appris.

Girard, à la tête d'une petite firme baptisée Format, et Guy Côté, ancien attaché de presse du premier ministre ontarien David Peterson et aujourd'hui associé du grand cabinet de communications National, affirment tous deux qu'ils ne cessent de vanter aux politiciens les avantages de la franchise. En vain. « La particularité du mensonge politique, soutient Côté, c'est l'obscurcissement. Le fait de savoir, d'avoir un certain nombre de données, et de ne pas avoir le courage de les exposer. En somme c'est d'avoir la chienne. Tu préfères adopter la pilule rose, la formule clé : "Je n'ai pas de plan pour faire ça", "Je verrai rendu là", le genre de trucs que tu utilises en campagne électorale… C'est un manque de courage[10]. »

Des conséquences de la vérité

Le mensonge fait donc partie du langage politique. Un langage qu'apprennent les aspirants politiciens dès leurs premiers balbutiements et qu'avec le temps ils absorbent au point qu'il se substitue à leur langue maternelle. Ainsi en est-il des réactions des politiciens face aux sondages. Lorsqu'une enquête d'opinion publique leur est défavorable, tous nos élus jurent sur la tête de leur mère qu'ils ne sont pas inquiets, qu'ils ne se préoccupent pas trop des sondages, que le seul vrai sondage, c'est l'élection, et autres balivernes du genre. Or la vérité, c'est que tous les politiciens sont des assoiffés de sondages, et s'en soucient au point que ce sont ceux-ci, essentiellement, qui dictent leurs programmes et leurs stratégies.

Quel prix politique devrait payer un élu qui avouerait, simplement, au sujet de données qui ne lui sont pas propices : « Je suis vraiment déçu par ce sondage-là. Je pensais qu'on remonterait la pente, et ça semble plus difficile que prévu. Mais nous allons continuer à travailler… » ? Avouant tirer de l'arrière dans les sondages, découragerait-il des électeurs potentiels de voter pour lui ? Démobiliserait-il ses troupes ? C'est

---

10. Entretien avec l'auteur.

ce que prétendent les sorciers de l'organisation politique. Qui ne se sont apparemment jamais demandé ce que leur poulain perdait en crédibilité en récitant des chapelets de faussetés évidentes.

Revenons un moment à l'accès de fatigue de M. Bouchard. Que serait-il arrivé s'il avait, tout de go, admis que le gouverneur Weld s'était inquiété des répercussions de la souveraineté ? Cela aurait peut-être fait la manchette au téléjournal. Douze heures plus tard, personne n'en aurait plus parlé. Tandis que là…

Unis derrière le chef

Au palmarès des petits mensonges politiques, ceux portant sur l'unité des partis arrivent au premier rang. Les partis politiques canadiens font preuve, à l'endroit des manifestations *publiques* de dissension, d'une intolérance digne de la République populaire de Chine. Je souligne ici le mot *publiques,* car la distinction est capitale. Un député peut fort bien se dissocier d'une prise de position de son parti. Il peut manœuvrer pour la faire renverser. Il peut même, à l'intérieur de certaines limites, comploter contre son chef. Toutefois cela doit se faire en sousmain. Si le même député s'exprime publiquement, il s'expose aux réprimandes et aux sanctions. Celles-ci viendront non seulement du leader, mais de l'ensemble du parti, y compris parfois de ceux qui partagent secrètement les idées du rebelle. Car la quasi-totalité des militants acceptent cette règle non écrite selon laquelle un parti doit *paraître* uni, quelles que soient les circonstances. Or ce *paraître* nécessite un nombre incalculable de mensonges, dans les paroles comme dans les actes. Des mensonges qui, parfois, tournent au ridicule.

En avril 1988, quand vingt-deux députés libéraux (la moitié du caucus !) écrivirent une lettre pour demander la démission de John Turner de la direction du Parti libéral du Canada — une révolte comme on en a rarement vu dans un parti politique canadien —, M. Turner qualifia le tout de simple « malentendu » ! Aurait-il eu l'air moins stupide en admettant la vérité ?

En automne de 1995, lorsque la députée de Saint-Hubert, Pierrette Venne, eut l'honnêteté de faire savoir qu'elle était intéressée par la direction du Bloc québécois, ses collègues la clouèrent au pilori. « Je trouve ça ignoble, déclara Yvan Loubier. C'est un manque total de respect envers M. Bouchard (qui se préparait à faire le saut au PQ) et on ne peut pas laisser passer une affaire comme ça. » Cependant, M. Loubier ne trouva rien à redire au sujet des autres bloquistes intéressés qui, tout en manœuvrant en préparation d'une éventuelle campagne au leadership, faisaient semblant de n'en rien faire.

L'année suivante, le conseil des ministres québécois était le théâtre d'un affrontement entre tenants et adversaires d'un projet de loi sur l'équité salariale. La partie de souque-à-la-corde était tellement dure que des éclats de voix parvenaient à la population. Quand Rita Dionne-Marsolais rendit publique une étude sur les coûts du projet, Louise Harel réagit avec une colère mal contenue. Cela n'empêcha pas le premier ministre de soutenir qu'il n'y avait « aucun antagonisme entre Mme Harel et ses collègues ». Certains crurent voir le nez de M. Bouchard s'allonger de deux doigts.

En 1983, le chef du Parti conservateur, Joe Clark, tentait de conserver la direction du parti contre ceux, nombreux, qui souhaitaient le voir partir avant les prochaines élections. Les militants *tories* devaient se prononcer sur le leadership de M. Clark au cours d'un congrès à Winnipeg. L'avenir du chef dépendait donc de la sélection des délégués devant participer à ce congrès. Les organisateurs de Brian Mulroney menèrent une lutte sans merci pour faire élire des militants hostiles à M. Clark. Puis, dans une manœuvre d'une extraordinaire hypocrisie, alors que l'élection des délégués pour le congrès était déjà terminée, M. Mulroney annonça son appui au chef !

La duplicité du futur premier ministre du Canada devint évidente pendant un *scrum* au cours du congrès :

« *Reporter* : M. Mulroney, demandez-vous à vos partisans qui sont ici de voter pour M. Clark ?

Mulroney : Je n'ai pas de partisans dans le Parti conservateur. Je n'ai que des amis.

Reporter : Bon, bien, vos amis, leur demandez-vous de voter en faveur de M. Clark ?

Mulroney : Ma position est claire. Je l'ai souvent énoncée.

Reporter : Demandez-vous à vos supporters ici de voter contre la révision du leadership ?

Mulroney : Pardon ?

Un autre reporter : Demandez-vous aux gens qui vous appuient de voter contre la révision du leadership ?

Mulroney : J'ai constamment pressé mes amis dans le parti d'appuyer M. Clark.

Reporter : Est-ce que vous faites des appels et des choses de ce genre en faveur de M. Clark ?

Mulroney : Oh, j'ai fait bien des choses en faveur de M. Clark.

Reporter : Allez-vous travailler en sa faveur aujourd'hui, par exemple, auprès des délégués ?

Mulroney : Je fais ce qu'on me demande de faire. Ça, c'est certain.

Reporter : Vous a-t-on demandé de faire des choses ?

Mulroney : Oh, un certain nombre de choses, oui.

Reporter : Comme ?

Mulroney : Oh, je vous en parlerai une fois que je les aurai faites[11]. »

Tous les conservateurs savaient, bien sûr, que M. Mulroney ne souhaitait rien plus ardemment qu'une défaite de son rival de toujours. Tous pouvaient constater sur le terrain que son serment de loyauté était factice. Mais personne ne s'en offusquait. C'était la *game*. Par contre, s'il avait fallu que Brian Mulroney fasse publiquement savoir qu'il souhaitait une course au leadership, les militants conservateurs ne le lui auraient pas pardonné. La loyauté comme telle n'était pas vraiment requise ; c'est l'*apparence* de loyauté qui comptait.

La franchise n'occupe pas une place très importante dans la culture des partis politiques canadiens. En revanche, celle de l'*apparence* de franchise est un peu plus grande. Mais la loyauté est beaucoup plus importante. Et l'*apparence* de loyauté trône au firmament de cette culture détraquée.

« Il était membre du Parti conservateur depuis assez longtemps pour savoir ce qui arrivait à celui qui tenait le poignard, explique l'un des biographes de Brian Mulroney. Même si le complot était couronné de succès, et même si le chef renversé le méritait, celui qui commettait l'acte était rarement le bienvenu par la suite. Si jamais on le montrait du doigt pour avoir entraîné la chute de Clark, il pourrait oublier tout espoir de devenir un jour leader du parti[12]. » Cette leçon, Brian Mulroney l'avait tirée de l'expérience de Dalton Camp, à qui de nombreux militants conservateurs en voulurent éternellement pour son putsch

---

11. Sawatsky, J., p. 408-440.

12. *Ibid.*, p. 408.

contre John Diefenbaker en 1966. Il aurait aussi pu la dégager du cas beaucoup plus ancien de Brutus : ils étaient nombreux à comploter contre César, mais c'est celui à qui Shakespeare attribua le coup fatal qui en subit tout l'opprobre.

Joe Clark, on s'en souvient, reçut l'appui d'un peu plus de 66 % des délégués présents à Winnipeg. Un score honorable qui aurait pu lui permettre de rester en poste. Il fit plutôt le pari qu'une lutte à la direction ouverte, franche, pourrait lui assurer une base de pouvoir plus solide. Il se trompa. L'hypocrisie triompha.

Expliquant aux congressistes incrédules pourquoi il avait fait ce choix, Clark dit : « Nous savons que le plus grand ennemi de ce parti est l'incertitude au sujet de notre unité. Nous avons réussi à nous établir comme une opposition combative, mais jusqu'à ce que nous ayons fait taire toutes ces graves critiques à l'intérieur de nos rangs, nous ne pourrons prouver au peuple de ce pays notre capacité à former le gouvernement. » Clark estimait, comme la très grande majorité des politiques de notre temps, qu'un parti qui paraît désuni n'inspire pas confiance au public. Il voulait régler la question du leadership une fois pour toutes et se donner ainsi le pouvoir de mettre fin aux dissensions, de punir les rebelles. Le pouvoir, en somme, d'imposer une unité de façade. C'est Brian Mulroney, finalement, qui put le faire. Cela contribua sans doute au triomphe électoral de son parti en 1984. D'où on est tenté de conclure que les Canadiens préfèrent le mensonge à la vérité.

C'est pourquoi Lucien Bouchard, nostalgique d'un parti plus traditionnel, a dit à ses militants en novembre 1996 qu'il voulait que le PQ fasse preuve de plus de « cohésion » et de plus de « discipline ». C'est pourquoi les députés qui complotaient contre John Turner jurèrent en public qu'il n'en était rien, c'est pourquoi M. Bouchard et Jacques Parizeau jouèrent longtemps les tourtereaux, et pourquoi les militants libéraux du Québec prétendent, dur comme fer, qu'ils adorent Daniel Johnson… tout en déblatérant contre lui en privé.

« M. Mulcair, est-ce que, parmi les députés, il y en a beaucoup qui sont plus ou moins satisfaits du leadership de Johnson ?

— Moi, j'suis plus que prêt à vous répondre, mais si je ne suis pas cité sur cette question-là[13]… »

---

13. Entretien avec l'auteur.

Les parias

En politique, donc, le mensonge est de mise. De cette règle découle un corollaire : ceux qui, par naïveté, fidélité à leurs idéaux ou intérêt mal compris, disent les choses telles qu'elles sont, sont traités en parias.

Nous avons parlé plus haut de ce qui est arrivé à la députée bloquiste de Saint-Hubert, Pierrette Venne, lorsque, Lucien Bouchard se préparant à passer à la politique provinciale, elle fit savoir publiquement qu'elle était intéressée à lui succéder en tant que chef du Bloc. Revenons-y un instant. Le président du caucus, Michel Guimond, qualifia sa déclaration de « tout à fait inappropriée ». Mais qu'est-ce qui, précisément, était inapproprié : le fait de se lancer dans la course avant le départ de M. Bouchard ? Apparemment non, puisque personne ne songea à dénoncer les manœuvres clandestines d'autres députés qui entretenaient la même ambition. Alors, force est de conclure que la faute était d'entreprendre *publiquement* sa campagne. Autrement dit, celle qui agissait franchement commettait un acte « ignoble » et « inapproprié », tandis que ceux qui camouflaient leurs intentions faisaient preuve de respect envers M. Bouchard !

Il est indéniable que, contrairement à ce qu'il avait laissé croire durant la campagne électorale de 1993, le gouvernement de Jean Chrétien a sabré de façon importante dans les programmes sociaux. Un seul député libéral a eu le courage de le dire publiquement. De dire la vérité. Il s'agit du député de Notre-Dame-de-Grâce, Warren Allmand, qui vota contre le budget déposé par Paul Martin en février 1995 pour protester contre ces compressions. « Je ne peux pas contribuer à démolir quelque chose que j'ai passé vingt-neuf ans à édifier sous Pearson et Trudeau », déclara M. Allmand. Or que fait-on, en politique canadienne, quand un député dit la vérité ? On le punit. M. Allmand perdit la présidence du Comité permanent de la Justice.

John Nunziata protesta vigoureusement contre le recul de son parti au sujet de la TPS. Il fut l'unique libéral à dénoncer cet abandon honteux d'un des principaux engagements électoraux de son parti. Exit Nunziata ! On appelle cela la discipline de parti. On peut à bon droit prétendre que cette discipline assure à nos formations politiques la cohésion essentielle à la stabilité gouvernementale. Cependant, il faut tout de même s'interroger sur la valeur morale d'un tel système. Un système qui, en fin de compte, châtie les députés exprimant sincèrement leur point de vue et récompense ceux qui le taisent. Un système, donc, qui réprime la franchise et encourage le mensonge. Nunziata était loin d'être le seul, au sein du caucus libéral, à ressentir un profond malaise à l'égard du virage de son parti à propos de la TPS[14]. Tous défendirent bêtement la position tordue de leur gouvernement, s'assurant ainsi une bonne note dans le bulletin du parfait petit député libéral.

« On admettra que le devoir de répercuter une vérité, qu'elle soit partisane ou non, n'a pas à se définir en termes de "discipline". L'impératif moral suffit[15] », écrit Jean-François Kahn dans son essai sur le mensonge. L'impératif moral ? Les politiciens lui ont toujours sacrifié l'impératif du pouvoir. L'important étant de ne pas se faire « pogner ».

« Je me suis toujours demandé, raconte le député-avocat Mulcair, pourquoi on demandait aux témoins dans un procès de jurer de dire « la vérité, toute la vérité, rien que la vérité » ? Pourquoi on posait trois fois la même question ? Depuis que je suis en politique j'ai compris que dans ce milieu-là, ce sont trois choses bien différentes. »

Tellement bien compris que M. Mulcair joue maintenant le jeu à la perfection. Le jeu des demi-vérités et des insinuations, le jeu de la démagogie. C'est le député de Chomedey qui, quelques semaines après notre entretien, a mené la « chasse aux sorcières » contre d'anciens sympathisants du FLQ nommés par le gouvernement. Or, en dénonçant avec la même vigueur la nomination, à un poste de sous-ministre adjoint, de Gaëtan Desrosiers (qui, adolescent, avait posé une bombe pour le FLQ), et celle à la fonction de juge de Richard Therrien (reconnu coupable de complicité avec les meurtriers de Pierre Laporte), Mulcair a sombré dans ce qu'il feint de déplorer. Qu'un magistrat doive avoir un passé sans tache, on le conçoit. Toutefois, prétendre qu'un homme ayant payé sa dette à la société ne puisse accéder à un simple poste de haut fonctionnaire trente ans après son crime, cela relève du plus pur opportunisme partisan. Le devoir d'un élu dans une affaire aussi délicate est d'y aller avec mesure, de chercher la vérité dans toute sa complexité plutôt que de foncer dans le tas, quelles qu'en soient les conséquences pour les

---

14. Greenspon & Wilson-Smith, p. 374.

15. Kahn, p. 27.

personnes concernées. Mais, M. Mulcair me l'avait dit, la mesure est le dernier souci des politiciens lorsqu'ils voient poindre une occasion d'embarrasser leurs adversaires. La seule chose qui compte alors c'est « qu'est-ce que je peux faire avec[16] ? »

---

16. Entretien avec l'auteur.

Les...

> Le jeu partisan est souvent bien ingrat pour la vérité des faits.
>
> Robert Bourassa

À la bibliothèque des sciences humaines de l'Université de Montréal le *Journal des débats* de la Chambre des communes occupe trois grandes étagères. Six rayons par étagère, 70 volumes par rayon, entre 1 000 et 2 000 pages par volume. Des milliards de mots conservés pour la postérité... et la poussière. Cependant, parmi tous ces mots, il y en a un que vous ne trouverez pas souvent. Un mot que les députés n'aiment pas voir imprimé. Au point que son usage, à la Chambre des communes comme à l'Assemblée nationale, est interdit. C'est le mot « menteur ».

Dans nos parlements, un député peut affirmer n'importe quoi au sujet de n'importe quel citoyen, l'accuser sans preuves des pires crimes, sans être passible de quelque punition que ce soit. On appelle cela l'immunité parlementaire. Une immunité blindée. Mais accuser un autre député d'avoir menti, jamais ! Celui qui le fait et refuse de se rétracter est expulsé — pauvre de lui ! — pour le reste de la journée. Quand on songe au mépris manifeste des politiciens pour la vérité, cette interdiction paraît particulièrement ironique.

Retirez ces mots que je ne saurais entendre

Mil neuf cent quatre-vingt-quatre. Nous ne sommes pas dans le Londres de George Orwell, mais dans l'Ottawa de Jean-Claude

Malépart. Le député libéral de Laurier-Sainte-Marie vient de lancer que « le premier ministre (Mulroney) ne dit jamais la vérité, c'est son défaut ». Le président de la Chambre intervient :

« *Le Président*: Je présume que le député va retirer ses mots "le premier ministre ne dit jamais la vérité". Je présume qu'il sait que ce n'est pas possible de dire cela à la Chambre.

Malépart: Monsieur le Président, j'ai été élu en tant que député de Montréal-Sainte-Marie et réélu, et j'ai été élu pour venir ici, pour dire la vérité. Ce que j'ai dit…

Le Président: J'invite le député à retirer les mots qu'il a dits concernant le premier ministre et sa capacité, sa pratique en ce qui concerne dire la vérité. Il sait très bien qu'il doit retirer ces mots.

Malépart: J'ai mentionné que le premier ministre a le défaut de ne pas toujours dire la vérité, et je ne pense pas que j'aie l'intention de retirer ces mots-là parce que c'est la vérité.

Le Président: J'invite encore une fois le député à retirer sa déclaration. Je présume que le député sait assez bien qu'il a utilisé les mots et fait des charges non parlementaires et qu'il a l'opportunité de retirer les mots ou je n'aurais pas d'autre solution sauf la solution qu'il sait très bien.

Malépart: Monsieur le Président, je peux prouver encore aujourd'hui que le premier ministre n'a pas dit…

Le Président: Je donne au député, une fois de plus, l'occasion de retirer les mots ou non. Est-ce que le député est prêt à retirer les mots ou non? J'ai écouté le député quand il a dit que le premier ministre n'a jamais dit la vérité, ou des mots de ce genre. Oui, c'est cela que j'ai écouté.

Malépart: Monsieur le Président, il faudrait, je ne voudrais pas vous obstiner, il faudrait que je voie les *bleus* [la première transcription des débats, disponible le jour même]. Mais j'ai l'impression que j'ai dit que le premier ministre ne dit pas toujours la vérité.

Le Président: À l'ordre. Les députés de ce côté-ci voudraient-ils bien me permettre d'entendre le député? Pourquoi les députés ont-ils tant de mal à comprendre que si je ne peux entendre le député, personne d'autre ne peut rapporter ses propos? Voilà le problème. Je m'excuse. J'ai écouté le député et j'ai pensé qu'il a dit que le premier ministre ne dit jamais la vérité. Est-ce que c'est cela qu'il a dit, ou bien qu'est-ce qu'il a dit? Car je dois savoir ce qu'il a dit afin de déterminer s'il doit retirer ses mots.

Malépart : Monsieur le Président, ce que j'ai mentionné, de mémoire, c'est que le premier ministre ne dit pas toujours la vérité. Alors c'est à vous de juger si c'est parlementaire ou non. Je ne suis pas un expert en procédure.

Le Président : Non, ce n'est pas parlementaire de dire qu'un député n'a jamais ou n'a pas toujours dit la vérité. Cela n'est pas parlementaire. Parce que c'est là une attaque au caractère d'un autre honorable député. C'est tout.

Je donne une autre fois au député l'occasion de retirer ses mots. C'est très simple. Est-il prêt à retirer les mots ? »

Cet extraordinaire débat durera encore quelques minutes, amenant notamment le chef libéral John Turner à intervenir en faveur de son député. Mais le président de la Chambre reviendra à la charge : Le député est-il prêt à retirer cette phrase ?

Malépart : Monsieur le Président, par respect pour vous, je ne sais pas si, ne pas dire la vérité ou tout cela, c'est parlementaire ou antiparlementaire, mais je maintiens ma pensée de ce que j'ai dit à l'endroit du premier ministre.

Le Président : Je donne l'occasion, une fois de plus, au député… Est-ce qu'il est prêt… À l'ordre ! Est-ce que le député pense que, par ces mots, il a retiré ses mots précédents ?

Malépart : Monsieur le Président, ce que j'ai voulu exprimer clairement si je n'ai pas le droit de dire les mots que j'ai dits, mais je maintiens ma pensée de ce que je pense de ce premier ministre-là. Et je pense bien que je suis encore libre de ma pensée ici au Canada.

Le Président : Ce n'est pas à moi de décider ce que vous pensez, c'est à moi de décider que les mots utilisés ici sont antiparlementaires. »

Le vaillant M. Malépart ne fut pas expulsé, le président ayant apparemment perçu quelque part qu'il retirait « ses mots ».

Quelques années plus tard...

Mil neuf cent quatre-vingt-quinze, quelques jours après le référendum du 30 octobre. Gilles Duceppe, du Bloc québécois, a succédé à Jean-Claude Malépart en tant que député de Laurier-Sainte-Marie. La ministre Sheila Copps s'adresse à la Chambre : « Monsieur le Président, ce qui est le plus malheureux, en parlant de la démocratie, c'est que les paroles de M. Parizeau, l'autre soir, n'ont jamais été retirées par le chef de l'opposition ! » Or, tout le monde sait que Lucien Bouchard a déploré, en termes on ne peut plus clairs, les propos fâcheux (« l'argent et les votes ethniques ») du président du PQ.

Duceppe bondit : « Monsieur le Président, le chef de l'opposition s'est publiquement dissocié des propos de M. Parizeau dès le lendemain, ici même au parlement, et j'accuse donc la vice-première ministre d'avoir sciemment menti à cette Chambre ! » Le président Gilbert Parent s'empresse d'exiger du député qu'il retire ses paroles. Duceppe refuse : « Monsieur le Président, je vous respecte, mais je me respecte aussi et je respecte la vérité, contrairement à la vice-première ministre, et je ne peux retirer mes paroles. » Le président l'expulse illico. « Ma fonction première, explique-t-il, est de veiller à ce que notre institution soit respectée par tous ceux qui y siègent. » C'est donc mépriser le Parlement que d'y dénoncer le mensonge. Tandis que ceux qui mentent, apparemment, font preuve du plus grand respect à l'endroit de cette vénérable institution !

Le règlement témoigne, bien sûr, d'une recherche d'un certain décorum pendant les débats parlementaires. Il exprime surtout l'hypersensibilité des élus au sujet du mensonge. Rien ne fait plus mal à leur orgueil que d'être traités de menteurs. Obélix n'aime pas se faire dire qu'il est gros.

Faisant semblant de craindre l'expulsion, les députés ont cherché des équivalents au verbe « mentir ». Au cours d'un débat à l'Assemblée nationale provoqué par les propos du premier ministre à l'issue de sa tournée américaine (voir pages 23-24), les députés libéraux ont accusé M. Bouchard d'avoir « caché la vérité ». Mais le président de l'Assemblée s'est levé pour rejeter ces mots, soulignant que le règlement interdisait d'« imputer des motifs indignes à un député ou [de] refuser d'accepter ses paroles ». Les libéraux ont tenté l'expression « détournement de la vérité » ; rejetée. « Contourner la vérité » ? Non. « Tromper les Québécois » ? Non plus. C'est ce jour-là que Tom Mulcair inventa le « syndrome de Pinocchio ». Mais lui aussi fut rabroué par le président : « Vous savez très bien que vous ne pouvez pas faire indirectement ce que vous n'avez pas le droit de faire directement. » Ce qui, quelques mois plus tard, n'a pas empêché le leader parlementaire des libéraux, Pierre Paradis, qui avait accusé un ministre péquiste d'« avoir trompé ses pairs », de s'en tirer en disant : « Je retire mes propos s'ils ont pu être contraires à la vérité, et s'ils sont exacts, je les maintiens. »

La liste des équivalents des mots « menteur » et « mensonge » jugés non parlementaires à Ottawa atteste l'imagination — en cette matière du moins — de nos députés : fausse, faussetés, malhonnêtes, camouflage, tromper, hypocrisie, avait mal renseigné, induit en erreur, ne dit pas la vérité, écran de fumée, subterfuge, tromperie, erronée, de la *bullshit*, tricher, sornettes, déformer la réalité, inventé, fabrication, fausses déclarations, imposteur... Or, ces mots ne sont-ils pas précisément ceux qui nous viennent à l'esprit lorsque nous pensons à nos élus ?

Derrière l'image

Nous voici dans la tribune du public à la Chambre des communes. Ou à l'Assemblée nationale, à votre choix. En pleine période de questions. La scène est bien différente de ce que nous laissent voir les caméras de télévision, dont les plans sont rigoureusement réglementés. Pendant que le député X pose une question, ses confrères s'insultent, crient, rient, bavardent. Les ministres, qui ont autre chose à faire que d'écouter les reproches qu'on pourrait leur adresser, profitent de ce grand moment de démocratie pour signer leur correspondance ou pour discuter entre eux de choses sérieuses. Les « vraies affaires », les stratégies, les négociations, se déroulent derrière les rideaux. Où aucune caméra ne se rendra jamais.

On appelle cela la période de questions. Mais les questions ne sont pas davantage des questions que les réponses ne sont des réponses. Nous avons affaire à un combat de coqs où chacun espère que son coup de bec verbal sera assez percutant pour passer au téléjournal.

Au lendemain du congrès péquiste de novembre 1996 (rappelons qu'insatisfait de l'appui manifesté par les militants dans un vote de confiance, Lucien Bouchard avait quitté précipitamment la salle pour prendre un « temps de réflexion »), le député libéral des Îles-de-la-Madeleine, Georges Farrah, whip en chef de l'opposition officielle, jugea important de demander au premier ministre du Québec : « Le premier ministre est-il d'accord avec les propos du député de Vachon qui disait "Je ne suis pas fier d'être péquiste", avec ceux de son ministre de l'Énergie qui disait "C'est un parti immature", et avec ceux du leader du Bloc québécois Gilles Duceppe, qui disait que c'est un parti qui est déconnecté de la réalité, son ami du Bloc québécois à Ottawa ! » À question inutile, réponse creuse : « Le député, a répliqué M. Bouchard en riant, fait des allusions très spécifiques à des remarques très marginales qui sont venues enrichir l'ensemble d'un débat très vigoureux qui témoigne de la vivacité de la démocratie québécoise, monsieur le Président!» Éclat de rire général! La croisière s'amuse. Sans trop se soucier, apparemment, du sort des passagers.

La croisière s'amuse... Il fallait voir, à la même époque, la joute verbale entre la libérale Liza Frulla et le ministre d'État à la Métropole, Serge Ménard. Une joute à la bonne franquette, comme s'ils avaient été entre amis, débattant pour le plaisir en sirotant un cognac. Il fallait voir Mme Frulla rigoler ferme tant elle était satisfaite de l'effet de l'une de ses questions. Rigoler en déplorant qu'« avant [le ministre] Montréal avait plus d'emplois »! De toute évidence, le sort des chômeurs émeut profondément la députée...

La période de questions est terminée. La chambre se vide. Mais ne partez pas tout de suite! Le plus ridicule est à venir. Ne restent plus à présent que quelques députés, soigneusement regroupés derrière l'orateur du moment, pour servir de décor aux caméras de télévision. L'orateur qui débite un discours que personne n'écoute, parfois sur un sujet dont il ne sait à peu près rien. « Je ne m'habituerai jamais, confiait le député conservateur Bob Horner avant de perdre son siège lors des élections de 1993, à me lever aux Communes devant trois personnes — deux qui dorment et une qui lit le journal — et à faire semblant que je fais un grand discours qui signifie quelque chose pour quelqu'un[1]. »

La grande noirceur

Retournons un moment à la bibliothèque de l'Université de Montréal. Vous voyez? Le *Journal des débats* de l'Assemblée nationale occupe beaucoup moins d'espace que celui de la Chambre des Communes. Ce n'est pas parce que les députés provinciaux parlent moins. C'est que, voyez-vous, les débats de notre auguste Assemblée n'ont pas été publiés avant 1964. C'est-à-dire quatre-vingt-dix ans après la création du *Hansard*, le journal des débats à Ottawa. Ce qui nous ramène au célèbre ancêtre de Tom Mulcair.

---

1. Graham, *All the King's Horses*, p. 72.

De 1879 à 1890, Alphonse Desjardins (celui des Caisses populaires) publia un journal des débats de l'Assemblée législative. Il s'agissait d'un compte rendu sélectif, qui excluait « les redites, les discussions oiseuses et sans intérêt pour l'intelligence de la lutte des partis sur les questions politiques qui agitent notre province[2] ». Mais, en 1890, le gouvernement d'Honoré Mercier cessa de subventionner Desjardins pour ce travail, estimant que ses choix trahissaient son allégeance conservatrice. Il y eut d'autres tentatives, mais le gouvernement en place s'opposa toujours à la publication intégrale des débats. Jusqu'à Duplessis qui prétendit que, de toute façon, « il n'y a pas un sténographe capable de reproduire mes paroles, je parle trop vite ».

Dans le fond, les choses n'ont pas tellement changé. Il est vrai que les débats sont maintenant télévisés. Mais, à leur grand dam, les réalisateurs sont tenus de suivre des règles très strictes. Des règles qui leur demandent « d'éviter de montrer […] les banquettes vides autour du parlementaire qui s'adresse à la Chambre » et, lorsque le Président se lève pour rétablir l'ordre, de « s'assurer qu'on ne voit pas de personnes de chaque côté du trône ou ailleurs[3]. » S'il fallait que les citoyens voient ce qui se passe vraiment au parlement !

S'il fallait, par exemple, qu'ils aient vu le bordel du 19 novembre 1996. Le président de l'Assemblée nationale, Jean-Pierre Charbonneau, a eu beau multiplier les rappels à l'ordre, rien n'y faisait. Les députés ne voulaient rien entendre, occupés qu'ils étaient à se crier des noms et à chahuter. Que s'est-il dit exactement ? Seuls ceux qui étaient à l'Assemblée ce jour-là pourraient vous le rapporter. Le président se levant à tout bout de champ, les téléspectateurs n'ont vu et entendu que lui, tels que le prescrivent les règles de télédiffusion. Et on a beau consulter le *Journal des débats,* toute trace du brouhaha a été effacée. « À chaque fois qu'on se comporte de cette façon-là, on embarque dans une spirale de dégradation du climat à l'Assemblée et ce n'est plus vivable ! » a finalement laissé tomber Charbonneau. Mais son appel ne sera pas plus entendu que ceux de ses prédécesseurs. Les députés ont bien trop de plaisir à l'abri des lentilles indiscrètes.

---

2. Voir St-Pierre.

3. Normes de réalisation de l'Assemblée nationale.

Quand l'opposition se change en gouvernement

On peut jauger l'absence de sincérité des parlementaires à l'occasion des changements de régime. Il ne faut que quelques semaines pour que l'ancien parti gouvernemental, devenu l'opposition, lance à la face du nouveau gouvernement exactement les mêmes critiques que celles qui lui étaient auparavant adressées. Arrivés au gouvernement, les membres de l'ancienne opposition entreprennent, eux, de défendre avec acharnement les politiques qu'ils décriaient quelques jours plus tôt.

Avant d'être portés au pouvoir en 1984, les conservateurs n'eurent de cesse de critiquer l'impuissance du gouvernement Trudeau face aux taux d'intérêt élevés. À l'époque, il s'agissait du problème économique de l'heure, les emprunts hypothécaires se négociant à près de 20 %. « Le ministre des Finances pourrait-il dire à la Chambre jusqu'où les taux d'intérêt doivent monter au Canada avant qu'il ne se décide à intervenir ? » lançait un Brian Mulroney indigné au frigorifique Marc Lalonde à quelques mois de l'élection. Et le ministre libéral des Finances de se défendre : « Le problème, c'est que nous sommes dans une situation d'interdépendance très étroite vis-à-vis de ce qui se passe aux États-Unis. » Autrement dit, le gouvernement ne peut rien faire.

À peine trois mois après l'accession au pouvoir de la bande de M. Mulroney, les libéraux réclamaient du nouveau gouvernement qu'il intervienne… pour faire baisser les taux d'intérêt ! « La ministre d'État aux Finances peut-elle nous dire si le gouvernement fédéral entend présenter sous peu une politique claire en ce qui concerne la tendance à la hausse des taux d'intérêt à l'heure actuelle au Canada ? » suppliait un député libéral. La réponse du nouveau ministre conservateur devait être tirée des notes de M. Lalonde : « Le Canada vit en système financier ouvert, et les taux d'intérêt réagissent en fonction des forces du marché. » Autrement dit, le gouvernement ne peut rien faire !

Dans le domaine du mensonge, le Québec n'est pas une société distincte. Des banquettes de l'opposition à l'Assemblée nationale, les péquistes dénonçaient toute compression à l'aide sociale, notamment la pénalité de prestation imposée aux assistés sociaux qui partagent leur logement. « C'est un revenu que le ministère va chercher, de 110 millions, 115 millions par année, même plus, soulignait le critique péquiste Denis Lazure. Mais je pense qu'il ne faut absolument pas raisonner en termes de millions, il faut aussi raisonner en termes de valeurs sociales. »

Pourtant, un an après l'arrivée du PQ au gouvernement en 1994, la ministre péquiste Jeanne Blackburn raisonne... en termes de millions. « Juste pour les familles monoparentales, c'est 19 millions. Quand je suis arrivée au ministère, on avait un trou de 84 millions. » Ne deviez-vous pas penser « en termes de valeurs sociales », Mme Blackburn?

Et les libéraux, pères des bouboumacoutes, se scandalisent du fait que le gouvernement péquiste « frappe les plus démunis de façon éhontée » ! René Lévesque appelait cela la « feinte indignation qui meuble le discours de toutes les oppositions[4] ». Une feinte indignation qui à tous, semble normale. À commencer par les journalistes, qui n'en font jamais un scandale. Qui le remarquent à peine. Le gouvernement gouverne, l'opposition s'oppose ; c'est la *game*.

---

4. Lévesque, *Attendez que je me rappelle...*, Québec/Amérique, 1986, p. 398.

Curriculum mentionicæ

Je suis un garnement qui promet toujours de se corriger et qui ne tient jamais ses promesses !...
Pinocchio

Pendant la campagne en vue de l'élection complémentaire de juillet 1993 dans Portneuf, les libéraux provinciaux furent plongés dans
l'embarras ; leur candidat, Éric Dorion, avait présenté un curriculum
vitæ comportant des « erreurs » de taille. Dorion prétendait notamment
avoir obtenu un MBA de l'École des hautes études commerciales. Vérification faite, il n'avait suivi que quelques-uns des cours du programme
en question.

Lorsque l'affaire éclata, les libéraux tentèrent d'en minimiser l'importance. Marc-Yvan Côté dénonça le « sensationnalisme » des journalistes, tandis que Lawrence Cannon fit remarquer que le jeune Dorion
avait « plein d'allure » et que « y a de l'exagération tous les jours à l'Assemblée nationale ». Des vétérans de la politique venaient donc dire à
leur poulain qu'il n'y avait rien de très grave dans le fait de mentir dans
son c.v. ; une exagération comme tant d'autres... La pression publique
devint cependant trop forte, et les libéraux durent sacrifier Dorion, à
qui M. Côté s'empressa d'offrir un poste dans son cabinet. Un garçon
plein d'allure !

Quelques semaines plus tard, pour éviter toute controverse de ce
genre, le Bloc québécois désavoua son candidat dans Roberval en vue des

élections générales d'octobre. Jasmin Savoie avait faussement prétendu qu'il détenait un baccalauréat en sciences politiques de l'université Laval. Par contre, dans Bellechasse, François Langlois fut élu. On ne découvrit qu'après l'élection que son « doctorat en droit constitutionnel » provenait d'une université américaine qui offrait des cours par correspondance et était d'une valeur plus que douteuse.

En politique, le succès repose sur la capacité de paraître. De paraître autre que ce que l'on est vraiment. Selon les besoins, selon les époques, un politicien cherchera à faire croire qu'il est « un gars du peuple » ou qu'il a « de l'expérience dans les affaires », ou même les deux à la fois.

Le curriculum vitæ de Kim Campbell insistait sur ses expériences de jeunesse en tant que travailleuse dans une usine de poissons et de vendeuse à la Baie. En même temps, Mme Campbell voulut se faire passer pour une grande intellectuelle. En réalité, son parcours universitaire n'avait rien de reluisant. L'imprévisible blonde prétendit aussi qu'elle avait consacré beaucoup d'énergie à élever les enfants de son premier mari, alors qu'elle n'avait passé qu'un an en compagnie de deux d'entre eux. « C'est l'habitude de Mme Campbell de prendre une petite information et d'en faire quelque chose de gigantesque », commenta la mère des enfants. Kim Campbell voulait être tout à la fois, et les électeurs finirent par comprendre que, derrière la toge, se cachait un personnage particulièrement médiocre[1].

Brian Mulroney aimait rappeler qu'il avait été chauffeur de camion. Cela atténuait l'effet de ses pantoufles Gucci. Peu d'électeurs surent jamais qu'il s'agissait d'un simple emploi d'été et que le jeune Mulroney conduisait, non pas un camion, mais une familiale dans laquelle il menait des ouvriers à l'usine[2].

Jean Chrétien aussi a beaucoup cultivé son côté populaire, notamment en conservant précieusement son accent « canayen » en anglais. « C'est un rôle de composition, comme dans le cas de Maurice Chevalier », a toujours pensé son ancien collègue libéral, John Roberts[3]. « Avec les conseils d'administration, la richesse, les amis bien placés, Chrétien

---

1. Fife, p. 39, 42 et 43.

2. Sawatsky, p. 102.

3. Martin, p. 274.

ne pouvait plus être considéré comme "anti-establishment", écrit son biographe, Lawrence Martin. Dès 1989, le p'tit gars de Shawinigan était millionnaire[4]. »

Le virus du c.v. s'infiltre partout où il y a pouvoir ou influence. Pendant des années, le fondateur de la Société pour vaincre la pollution, Daniel Green, a soutenu qu'il était biologiste. En juin 1996, alors qu'il cherchait à se faire admettre comme témoin-expert à un procès, un avocat révéla que le leader écologiste n'avait jamais obtenu son diplôme. Green admit sa faute et présenta ses excuses. « J'ai presque terminé mon cours de bio à l'UQAM ; il ne me manquait qu'un stage d'été », expliqua-t-il. Pourquoi faire tant de chichi s'il ne lui manquait que quelques crédits ? Or, dans une manœuvre typiquement politicienne, Green tentait de réparer son premier mensonge en mentant une seconde fois : vérification faite, il n'avait réussi que 12 des 30 cours nécessaires pour l'obtention d'un baccalauréat[5]. « Ce que j'ai fait, je l'ai fait pour la cause de l'environnement du Québec et rien d'autre », a tenté de plaider M. Green. Après la raison d'État, la raison d'écolo.

---

4. *Ibid.*, p. 369.

5. *La Presse*, 8 juin 1996.

Les bien-portants imaginaires

Le pape peut mourir, il n'est jamais malade.
Formule circulant au Vatican

En le voyant s'effondrer, plusieurs témoins eurent l'impression que Jean-Paul II s'était évanoui. Mais son entourage a toujours soutenu que le pape avait simplement trébuché.

Que s'est-il vraiment passé en ce 11 novembre 1993 ? Les images prises par le cameraman du Vatican auraient peut-être permis d'éclaircir le mystère. Mais le Saint-Siège a refusé de montrer le film aux journalistes. De plus, la pellicule d'un photographe pigiste qui assistait à l'audience a été confisquée[1].

Davantage encore que leurs curriculum vitæ, les bulletins de santé de nos leaders sont bourrés de faussetés. Le péché est d'autant plus tentant que le peuple, lorsqu'il découvre la vérité, prend le plus souvent le parti du menteur. Pourtant, ces tromperies sont aussi injustifiées que les autres.

Le cas du président français François Mitterrand est l'un des plus invraisemblables. L'ex-chef d'État mort, son ancien médecin, Claude Gubler, a révélé que M. Mitterrand souffrait d'un cancer de la prostate depuis 1981 et que tous les bulletins de santé publiés depuis cette

---

1. Bernstein C. & Politi, M., *His Holiness : John Paul II and the hidden history of our time*, New York, Doubleday, 1996, p. 500-501.

époque péchaient par omission. Un mensonge grossier, surtout quand on sait que Mitterrand lui-même, dès son arrivée au pouvoir cette année-là, avait promis la transparence absolue sur son état de santé.

« C'est un secret d'État, vous êtes lié par ce secret », a ordonné Mitterrand à son médecin. Un secret d'État ? Pourquoi ? Pour le bien du pays ? En quoi la France aurait-elle souffert d'apprendre que son nouveau président était atteint du cancer de la prostate ? En réalité, les seuls auxquels la vérité risquait de nuire étaient M. Mitterrand et sa suite. « Révélée, la vérité sur la maladie de François Mitterrand aurait donné à la droite un argument redoutable contre le nouveau pouvoir », justifie d'ailleurs le journaliste Laurent Joffrin[2]. Donner un argument à l'opposition ? Autant mentir !

Le livre du docteur Gubler a été interdit, l'auteur a été accusé d'avoir violé le secret médical, interrogé par la police et traité de tous les noms. Tout cela parce qu'il disait la vérité. Tout cela pendant qu'on rendait un hommage dithyrambique au président défunt qui avait menti à son peuple quinze années durant.

Au Québec, Robert Bourassa a voulu, lui aussi, garder ses concitoyens dans l'ignorance de son état de santé. Lorsqu'il a quitté la province pour les États-Unis, en septembre 1990, afin d'être opéré d'un cancer de la peau, on a d'abord fait semblant qu'il n'était pas parti. Puis on a prétendu qu'il s'agissait de vacances. « Bonnes vacances, monsieur le premier ministre ! » a lancé avec émotion la vice-première ministre Lise Bacon.

M. Bourassa n'a admis sa maladie que lorsqu'il ne pouvait plus faire autrement. « Le premier ministre, qu'on s'attendait à voir bronzé, a surpris tout le monde en apparaissant plus pâle qu'auparavant au caucus présessionnel de son parti », relatent les journaux à son retour. Le leader libéral s'efforce tout de même de donner le moins de détails possible : « Dans l'entourage du premier ministre, on s'est montré avare de renseignements et on s'est refusé à toute précision quant au type de tumeur, dont on n'a pas voulu révéler le nom médical. »

Ce n'est qu'un mois et demi plus tard, lorsque les médecins assurent à M. Bourassa que tout signe de cancer a disparu, que l'on a droit à un bulletin de santé détaillé. « Le rapport du docteur Rosenberg lève finalement le voile sur le stade assez avancé du cancer de la peau du premier

---

2. *Le Nouvel Observateur*, 18-24 janvier 1996.

ministre », écrit alors Denis Lessard, journaliste de *La Presse* dont l'acharnement avait déjà permis de percer quelque peu la muraille de mystère qui entourait le dossier médical du célèbre malade.

C'est au nom du respect de l'intimité de M. Bourassa que ses proches ont justifié leur discrétion. À l'époque, d'ailleurs, l'entourage du premier ministre ne cessait d'implorer les journalistes de ne pas fouiller la question : « Tu comprends, c'est un homme, quand même, ce qu'il traverse, c'est épouvantable ! » Certes. Mais en quoi l'intimité du premier ministre aurait-elle été davantage entamée par des renseignements scientifiques exacts que par ce ramassis de mensonges, de faux-fuyants et de rumeurs ?

Fin 1990 début 1991, M. Bourassa fut absent du Québec pendant deux mois. Son entourage prétendit que le premier ministre était « en plein contrôle de la situation[3] », mais, de toute évidence, et c'est parfaitement compréhensible, ce n'était pas le cas. « S'il avait été en pleine possession de ses moyens, je suis convaincu que le rapport Allaire n'aurait pas été aussi loin », a confié son ami Ronald Poupart à Jean-François Lisée[4]. M. Bourassa lui-même a admis par la suite que « ça a été plus difficile pour moi de suivre la situation à ce moment-là[5] ».

Ces manœuvres de camouflage ne profitaient qu'au premier ministre et à ceux dont l'influence dépendait de sa personne. Plus il apparaissait que M. Bourassa était un chef de gouvernement en sursis, plus tout ce beau monde risquait de perdre son ascendant. Le secret protégeait l'intimité du premier ministre, sans doute. Mais il protégeait surtout son pouvoir.

Plusieurs diront que cette sorte de mensonge sert l'intérêt public. Mais peut-on sérieusement soutenir qu'on rend service aux citoyens en les privant de savoir dans quelle mesure leur premier ministre est capable de les gouverner ? Sous-jacente à cet argument, il y a la conviction qu'il ne se trouve qu'une personne capable de bien gérer le pays. Que la France se serait effondrée si François Mitterrand avait perdu un peu de son aura. Que le Québec serait devenu ingouvernable si on avait su que

---

3. Mme Lise Bacon, citée dans *La Presse* du 20 novembre 1991.

4. Lisée, *Le Tricheur*, p. 262.

5. Bourassa, R., *Gouverner le Québec*, Fides, 1995, p. 233.

Robert Bourassa n'était plus en état de le diriger. Sans doute MM. Mitterrand et Bourassa eux-mêmes voyaient-ils les choses ainsi. « Je ne pouvais pas dire que j'étais à l'hôpital, les Warriors auraient pu dire : "On a cassé le gouvernement." », a expliqué M. Bourassa[6]. L'État, c'est moi !

Il y a là, dans cette identification d'une seule personne avec le bien du pays, un mal véritable qui n'apparaît pas dans les bulletins de santé des gouvernants. Une sorte de mégalomanie qui s'empare de chaque chef de gouvernement, si modeste fût-il à l'origine. Est-ce à force d'être entouré de *yes-men*, de gens prêts à tout pour sauver Sa Majesté, lui répétant sans cesse que « Le pays a besoin de vous » ? Mais le dicton est valable pour la politique comme pour le reste : « Personne n'est irremplaçable. » La France se porte-t-elle plus mal depuis le départ de Mitterrand ? Le Québec était en récession sous Bourassa, il l'est demeuré sous Johnson, Parizeau n'y a rien changé, Bouchard non plus.

« On invoque la raison d'État pour couvrir un mensonge qui reste toujours une arme redoutable au service des malades qui nous gouvernent[7] », affirment les auteurs de best-sellers sur les maladies cachées de nos dirigeants (*Ces malades qui nous gouvernent*), le journaliste Pierre Accoce et le médecin Pierre Rentchnick. L'incertitude, la confusion et la paralysie qui règnent lorsqu'un dirigeant cache ses maux sont bien plus nocifs pour la bonne gouverne d'un pays que ne le serait la simple vérité. Voire la démission du chef.

Soyons clairs. Ce qui est en cause ici, c'est le droit des citoyens de savoir si leurs gouvernants sont en mesure de jouer leur rôle. Une fois redevenu personnage privé, M. Bourassa reprenait tous ses droits à une intimité totale. La connaissance de son état de santé ne relevait plus de l'intérêt public, mais de la curiosité publique. Les médias ne savent malheureusement pas toujours faire cette distinction.

Plus ça change...

Dans les années 1960, on avait caché aux Québécois l'état de santé du premier ministre Daniel Johnson. Une première crise cardiaque était passée sous silence, le communiqué ne parlant que de la thrombo-

---

6. Vastel, p. 282.

7. Accoce & Rentchnick, *Ces nouveaux malades qui nous gouvernent*, p. 307.

phlébite dont souffrait aussi M. Johnson. Une seconde attaque, critique celle-là, était réduite à un simple « surmenage ». Quelques années plus tard, sur le Vieux Continent, le président français Georges Pompidou se mourait en secret d'une grave maladie du sang. Néanmoins, chaque absence d'une fonction officielle fut publiquement attribuée… à la grippe. Force est de constater qu'en trente ans, au Québec comme en France, partout dans le monde en fait, l'attitude des politiciens en de telles circonstances n'a pas changé. Les médias étant plus présents qu'auparavant, les secrets sont moins faciles à garder. Mais ce n'est pas faute d'essayer…

Les Occidentaux ont toujours rigolé en voyant la Russie dissimuler les maladies de ses dirigeants jusqu'à être gouvernée par des morts vivants. Boris Eltsine a longtemps été l'objet de notre risée, lui qui pendant des mois alla de repos en vacances sans qu'on admette jamais qu'il était malade. Combien de fois a-t-on pu lire dans les journaux : « Le porte-parole d'Eltsine a indiqué que ce dernier était "très fatigué" mais il a démenti qu'il ait des ennuis de santé. » Sacrés Russes !

Mais en quoi le cas d'Eltsine diffère-t-il de ceux de Mitterrand et de Bourassa ? En rien. Il s'agit, pour une clique, de conserver le pouvoir à tout prix. « Beaucoup de familiers (de l'entourage d'un chef d'État) jouent un rôle néfaste, parce qu'ils pensent au pouvoir et au bénéfice qu'ils en retirent avant de penser au malade[8] », soutenait l'éminent hématologue français Jean Bernard, qui a traité plusieurs personnages politiques de haut rang. Le docteur Bernard a remarqué que les leaders politiques étaient absolument incapables de juger de leur capacité de gouverner, eu égard à leur maladie : « On se rend compte que le pouvoir est un poison, qu'on s'y habitue facilement et qu'on ne l'abandonne pas[9]. »

Cherchant un moyen de protéger l'intimité du malade tout en satisfaisant l'intérêt public, Pierre Rentchnick a proposé la création d'un comité de médecins indépendants, qui se rapporterait à une institution politique ou juridique de haut niveau. Mais cette solution ne ferait qu'élargir un peu plus le cercle des initiés. Qui nous dit qu'une forme de connivence ne s'installerait pas de toute façon parmi ceux qui savent,

---

8. Dans Accoce & Rentchnick, *Ces nouveaux malades qui nous gouvernent*, p. 311.

9. *Ibid.*, p. 303.

comme on l'a vu dans d'autres domaines ? Les analyses de Rentchnick montrent plutôt la nécessité de publier régulièrement et intégralement les bulletins de santé des chefs de gouvernement souffrant de maladies graves. Jouerait ensuite, simplement, la mécanique politique habituelle. Au peuple, en somme, de décider si le politicien est toujours apte à gouverner. Et s'il ne l'est pas, à faire pression sur les autorités compétentes. « L'information médicale doit compléter l'information politique, souvent déficiente, du citoyen dépassé par les difficultés techniques et pratiques d'appréciation et du jugement de problèmes de plus en plus complexes, écrit Rentchnick. C'est ainsi que, même dans nos démocraties, le pouvoir établi devient usurpateur et abusif. En conséquence, l'étude de l'état de santé physique et mental des chefs d'État ne constitue plus une simple manifestation de curiosité, d'intérêt civique ou philosophique, mais devient une question de légitime défense de tous les citoyens[10]. »

Qu'adviendrait-il aujourd'hui si, par malheur, Lucien Bouchard mourait ? Son porte-parole jurerait-il, comme le fit le secrétaire d'un leader tchétchène assassiné en 1996, que son patron « est vivant et travaille comme d'habitude » ? Sacrés Tchétchènes !

_____

10. Accoce & Rentchnick, *Ces malades qui nous gouvernent*, p. 366-367.

Les mots pour mentir

Une illusion peut se transformer en demi-vérité,
comme un masque peut modifier l'expression d'un
visage.

George Orwell

« Quoi qu'on dise, quoi qu'on fasse, le Québec est aujourd'hui et pour toujours une société distincte, libre et capable d'assumer son destin et son développement. » Il y a de ces phrases qui marquent l'histoire... même si elles ne veulent strictement rien dire. À la fois lourdes... et vides de sens. Il s'agit pour ceux qui les prononcent de faire semblant. Faire semblant de dire quelque chose... tout en ne se compromettant d'aucune façon.

C'est ainsi qu'après l'échec de l'accord du lac Meech Robert Bourassa a prononcé ces mots que tant de Québécois ont perçus à l'époque comme annonciateurs d'une conversion à la souveraineté, que tous, en tout cas, crurent d'une immense importance... alors qu'ils ne réitéraient rien d'autre que l'évidence. Ils n'engageaient le gouvernement à rien, n'indiquaient rien de ce qu'il souhaitait faire. Cette phrase devait seulement permettre à Bourassa de calmer le jeu. De *surfer* sur la vague jusqu'à ce qu'elle s'évanouisse.

Retenons de cet épisode que Bourassa était parfaitement conscient de ne rien dire tout en faisant semblant de prononcer une phrase choc.

« À très court terme, a-t-il expliqué à Jean-François Lisée, il fallait poser des gestes pour garder le contrôle de l'agenda. » Il fallait aussi « préserver l'avenir[1] ». Garder le contrôle de l'agenda, préserver l'avenir… Un peu de comédie pour gagner du temps.

Dix ans plus tôt, à la fin de la campagne référendaire de 1980, Pierre Elliott Trudeau avait lui aussi prononcé une phrase historique. « Nous voulons du changement et nous mettons nos sièges en jeu pour avoir du changement ! » avait-il crié dans un centre Paul-Sauvé survolté. Les libéraux nationalistes, Claude Ryan en tête, l'accuseront d'avoir promis des changements qu'il ne livra jamais. Trudeau s'en défend encore aujourd'hui : « C'était une absurdité évidente de prétendre que j'avais entrepris de gagner le référendum en m'engageant à modifier la Constitution dans la direction préconisée par ceux qui l'ont perdu. » Remarquons ici l'argument typiquement tordu de l'ancien premier ministre. « Dans la direction préconisée par ceux qui l'ont perdu »… Ryan fait donc partie de ceux qui ont perdu le référendum de 1980 ?

Mais l'essentiel n'est pas là : l'engagement de Trudeau était conçu, justement, pour faire croire aux nationalistes modérés que leurs revendications seraient satisfaites, tout en permettant à son auteur de déclarer par la suite qu'il parlait d'une autre sorte de changement. Une « intervention magistrale », constatent les biographes de Trudeau[2]. Magistrale, en effet. Du changement, mais quel changement ? Mettre leurs sièges en jeu ? Mais les sièges des députés sont en jeu à chaque élection ! Trudeau donnait l'impression de prendre un engagement solennel, exceptionnel, alors qu'en fait il ne disait rien du tout.

Bon élève, Jean Chrétien a tenté le même coup au cours du combat référendaire de 1995. Avec moins de brio, évidemment ; le personnage n'a pas la même envergure. « Nous garderons ouvertes toutes les autres voies de changement, y compris les voies administratives et constitutionnelles », a dit le premier ministre du Canada à la veille du référendum. Mais qu'est-ce que cela signifiait au juste ? Facile de garder la porte ouverte quand on n'attend personne… Et encore ici, de quel changement était-il question ?

---

1. Lisée, *Le Tricheur*, p. 24.

2. Clarkson, S. & McCall-Newman, C., *Trudeau : l'homme, l'utopie, l'histoire*, Boréal, 1990, p. 219.

« Je l'ai dit et je le répète : je suis d'accord [avec la reconnaissance du Québec comme société distincte]. J'ai appuyé cette position dans le passé, je l'appuie aujourd'hui et je l'appuierai dans l'avenir, en toute circonstance. » La mémoire nous fait-elle défaut ou bien n'est-ce pas Jean Chrétien qui, se préparant à devenir chef du Parti libéral du Canada, combattit l'accord du lac Meech qui reconnaissait au Québec le statut de société distincte ? Comment le même Jean Chrétien peut-il affirmer aujourd'hui qu'il a « appuyé cette position dans le passé » ? C'est que la société distincte approuvée par M. Chrétien n'était pas la même que celle de Meech. Cette dernière devait peser sur l'interprétation de la Constitution canadienne ; la société distincte du « p'tit gars de Shawinigan » n'était que symbolique.

Quant au passé, la déclaration de Verdun était donc trompeuse. Elle l'était aussi quant à l'avenir. « Je l'appuierai dans l'avenir, en toute circonstance » ? L'appuyer vraiment, ou du bout des lèvres ? À Verdun, Jean Chrétien voulait faire croire qu'un NON ouvrirait la voie au changement et qu'il se battrait pour que le Québec soit reconnu en tant que société distincte. Toutefois, il le dit en des termes ambigus de sorte qu'au lendemain du référendum il puisse se contenter de demi-mesures. Ce qu'il fit. Des demi-mesures furent adoptées à la Chambre des communes sous la forme d'une loi et d'une résolution de carton-pâte. Et le gouvernement s'empressa d'envoyer dans les foyers québécois un dépliant clamant : « Parole donnée, parole tenue. » Passons à autre chose !

Les mots inventés

Les titres des programmes et des concepts que politiciens et bureaucrates s'amusent à pondre à la douzaine servent aussi à camoufler la vérité ou à distraire l'attention. L'« assurance-emploi » a remplacé l'« assurance-chômage ». Mais combien d'emplois ont été créés de ce fait ? Ce qui est sûr, c'est que des milliers de personnes se sont retrouvées à l'aide sociale en raison de cette réforme. Peut-être aurait-on dû parler d'assurance-BS…

Au Québec est née l'« assurance-médicaments ». Un beau vocable qui laisse croire qu'il s'agit avant tout d'un programme de solidarité sociale. Mais alors, comment peut-on expliquer que ce programme permettra à l'État d'économiser annuellement 200 millions ? Comment expliquer que les assistés sociaux et les personnes âgées, pour qui les médicaments étaient auparavant gratuits ou presque, devront désormais payer chaque année jusqu'à 200 $ pour les premiers, et jusqu'à 925 $ pour les seconds.

Dans le budget de 1995, le fédéral a inventé le « Transfert social canadien », qui regroupe en un seul les principaux programmes de transferts aux provinces. Il s'agissait, assurait Ottawa, de « faire place à un système mieux adapté aux nécessités modernes ». Mais ce nouveau joujou lui permettait surtout de réduire de 4,5 milliards les sommes versées aux provinces tout en demeurant en mesure d'imposer à ces dernières ses normes en matière de santé. (Sans ce subterfuge, c'est-à-dire si les différentes enveloppes étaient restées distinctes, le fédéral se serait un jour trouvé à ne plus verser un sou comptant aux provinces au chapitre de la santé. Plus d'argent sonnant, plus de normes !)

Un mot sur le « virage ambulatoire ». Il y a quelques années encore, un patient pouvait se mettre à genoux, jurer en compagnie de sa famille entière qu'il récupérerait bien mieux si seulement on le laissait rentrer à la maison, il se heurtait inévitablement à une fin de non-recevoir. On ne pouvait guérir qu'à l'hôpital. Les médecins qui soutenaient le contraire étaient considérés comme de dangereux marginaux. Brusquement, au début des années 1990, leur point de vue est devenu majoritaire. Rien de mieux pour un malade qu'un environnement familier ! Et il aurait beau supplier à genoux, on le renverra à la maison. Sans doute n'est-ce qu'une coïncidence : ce revirement s'est produit au moment précis où l'État imposait aux hôpitaux des compressions sans précédent. Virage ambulatoire ou virage budgétaire ?

Durant l'automne de 1996, le ministère de la Santé du Québec demanda aux régies régionales de trouver cent millions supplémentaires en raclant leurs fonds de tiroirs. Cette requête provoqua évidemment l'indignation. Encore des compressions ! Non, non, s'empressèrent de répondre les fonctionnaires. Il ne s'agit pas d'une compression, mais d'un « rééquilibrage ponctuel des dépenses ». Pourquoi s'inquiéter ?!?

Tout cela n'est pas sans nous rappeler les exploits de celui qu'on surnomma « le grand communicateur ». Lorsqu'il décida de doter les États-Unis de nouveaux missiles nucléaires, Ronald Reagan les baptisa *Peacekeepers*, réussissant ainsi à faire passer ces engins meurtriers pour des branches d'olivier. Nos gouvernants ne procèdent pas autrement : plutôt que de défendre franchement leurs politiques, ils cherchent à distraire l'électorat par des phrases pompeuses et par des bouquets de mots et de sigles, comme on amuse un bébé avec un hochet… pour lui faire avaler sa purée de foie.

Les complices

Loin d'être l'antithèse des pouvoirs, la presse en est plutôt la copie.

Jean-François Revel

L e lendemain de l'élection fédérale de 1993 je rencontre à son bureau de Sherbrooke le député Jean Charest, l'un des deux seuls survivants de la débâcle du Parti conservateur. Après une longue entrevue, je range carnet et enregistreuse pour un lunch informel. Durant l'interview, comme au cours de toutes celles qu'il a données ce jour-là, Charest avait professé une loyauté sans faille envers le chef de sa formation, Kim Campbell. Mais pendant que nous mordons dans nos sandwiches, il se laisse aller à la critiquer, racontant notamment une anecdote fort révélatrice, autant de la personnalité de Mme Campbell que de l'opinion qu'a d'elle celui qui fut son adversaire lors de la course à la direction du PC.

Je suis sorti de cette rencontre tout heureux d'avoir appris tant d'*inside*. De l'*inside* que je ne manquai pas de raconter avec délectation à mes collègues. En même temps, j'étais mal à l'aise. Publiés, les propos de M. Charest auraient fait l'effet d'une petite bombe. Mais puisqu'il était entendu que ceux-ci n'étaient pas destinés à la publication, j'étais coincé. Incapable de souligner la duplicité du député de Sherbrooke ou de révéler aux lecteurs de *La Presse* cette anecdote illustrant les faiblesses de l'éphémère première ministre. Dans le compte rendu de l'entrevue, je me contentai d'écrire que, malgré les rumeurs circulant quant à son mécontentement, Charest ne disait rien « publiquement ». Une allusion qui apaisa quelque peu ma conscience, mais qu'aucun lecteur ne dut remarquer.

Retour aux sources

Les reporters politiques se perçoivent comme les chiens de garde de la démocratie, les croisés de la vérité. Ils ne se rendent pas compte que souvent, par leur manière de faire ce que doit, ils participent à la tromperie permanente perpétrée par les politiciens. Par manque de temps, manque de moyens, paresse, incompétence ou cynisme, ils en sont même la principale courroie de transmission. Sur la scène politique, le mensonge se donne en spectacle ; les journalistes, eux, font alterner deux rôles contradictoires : critiques... et éclairagistes.

Certes, les médias jouent, en surface du moins, un rôle de « contre-pouvoir ». Il n'est pas rare que leurs textes et reportages, par ce qu'ils révèlent ou dénoncent, nuisent à un parti ou à un politicien en particulier. Il ne fait pas de doute non plus qu'ils ont largement contribué au scepticisme populaire à l'égard des politiciens. Mais critiques et condamnations restent superficielles. Pour l'essentiel, les journalistes se contentent de décrire la joute politique. Ils peuvent dénoncer tel ou tel comportement, mais jamais les règles du jeu. Plusieurs se spécialisent dans le commentaire, trop rares sont ceux qui fouillent. Résultat : pour un mensonge relevé, cent autres passent inaperçus. Et notamment ceux dont les journalistes eux-mêmes se rendent coupables.

Scène imaginaire. Disons plutôt, amalgame fictif de dizaines de scènes vécues. Un hôtel, à la sortie d'une salle où étaient réunis les députés libéraux. Ou péquistes, peu importe. Un reporter enregistre bêtement tel politicien qui déclare que tout va pour le mieux dans le parti, que le caucus est uni derrière le chef comme jamais, bla bla bla. Le micro fermé, notre héros demande au député : « Mais pour vrai, là, qu'est-ce qui se passe ? » Pour vrai ? Et l'élu lui donnera, sur le ton de la confidence, une réponse substantiellement différente de la précédente : « Il y a de plus en plus de députés qui pensent qu'il est temps de faire un changement. » Le représentant du peuple ne s'offusquera pas plus de la question que le journaliste de la réponse, l'un et l'autre acceptant le principe selon lequel ce qui se dit devant la caméra n'est que de la bouil-lie pour les électeurs.

Que verront ces électeurs au bulletin du soir ? Le politicien soutenir que le caucus est uni comme jamais. Ce à quoi le reporter ajoutera peut-être que « selon certaines sources » l'unité n'est pas si parfaite que ça. En se gardant bien de raconter aux téléspectateurs ce qui s'est vraiment passé : « Monsieur X, que vous venez juste d'entendre dire que tout va pour le mieux, confie pourtant dès que le micro est fermé que, au contraire, son parti est profondément divisé. » En d'autres termes : « Monsieur X vient de vous mentir en pleine face. »

Bien des reporters ne se donneront même pas la peine d'aller au-delà du baratin officiel, qu'ils régurgiteront à peine digéré, même s'ils n'en croient pas un traître mot. Un comportement qui a fait dire à un attaché de presse du président Clinton que les journalistes d'aujourd'hui ne sont que des « sténographes sans mémoire ».

Ce n'est pas le cas de tous, évidemment. Les meilleurs creuseront pour découvrir l'origine de telle ou telle politique, l'état réel du leadership de tel chef, le sens exact de tel document. Ceux-là auront abondamment recours aux sources anonymes. Une arme puissante. Mais une arme à deux tranchants.

Autre exemple (plus ou moins) fictif : « Alors, monsieur le ministre des Transports, est-ce que le gouvernement envisage sérieusement de rétablir les péages sur les autoroutes ?

— Comme vous le savez, nous avons formé un comité d'experts qui se penche sur cette question. J'attends de voir leurs recommandations avant de commenter plus avant.

— Allons, *off the record*, je ne vous citerai pas…

— Écoute… Je pense pas qu'on puisse aller vite vite dans ce dossier-là. C'est très complexe.

— Comment ça ?

— Euh… J'vais te le dire mais parles-en pas dans ton journal, hein ?

— O. K.

— J'te fais confiance parce que nos relations ont été bonnes jusqu'ici…

— Pas de problèmes.

— Bon… Les péages, ça nous aiderait en maudit pour le financement des travaux routiers. J'ai vu la version préliminaire du rapport des experts, et ça montre qu'il y a là une source extraordinaire de capitaux. Mais avant les élections, c'est ben trop *touchy*. Moi, j'aimerais qu'on fasse au moins un projet pilote, mais le bureau du PM nous a demandé de mettre ça sur la glace.

— Ah !

— Pas un mot là-dessus, par exemple !

— O. K., O. K.

— Pis quand on aura le rapport final des experts, j'te lâcherai un coup de fil... »

Qu'écrira notre grand enquêteur, tout fébrile à l'idée de livrer la Vérité au citoyen ? « *Attendant les recommandations d'un groupe d'experts* (inexact), *le ministre Untel a refusé de faire tout commentaire sur la délicate question des péages* (faux). *Cependant,* Le Journal *a pu apprendre d'autres sources* (faux) *que l'adoption d'une telle mesure est peu probable avant les élections* (incomplet). » Le journaliste dévoilera ainsi à ses lecteurs une partie de la vérité. Mais pour ne pas déplaire à son informateur, il ne leur dira pas tout ce qu'il sait : il ne leur dira pas, par exemple, qu'une version préliminaire du rapport des experts montre les avantages des péages, que le ministre aurait souhaité mettre sur pied un projet pilote et que le bureau du premier ministre est intervenu pour tout arrêter. Et il ne leur dira pas d'où proviennent ses renseignements.

De témoin, le journaliste se transforme donc en acteur, parfois même en complice. Ne se contentant pas de rapporter ce qu'il a vu et entendu, il s'arroge le droit de tamiser l'information recueillie. J'ai parlé plus haut du conflit qui opposait la ministre Louise Harel à ses collègues au sujet du projet de loi sur l'équité salariale. À l'époque, *Le Devoir* fit état d'une possible démission de la ministre, citant « des proches » de Mme Harel. Le jour même, la principale intéressée niait catégoriquement la nouvelle. Devant de telles informations, le lecteur est totalement démuni. Qui croire ? À quel point les « proches » en question sont-ils proches ? Pourrait-il s'agir — cela s'est déjà vu — d'une stratégie de la politicienne en vue de faire pression sur son gouvernement ? En même temps qu'il ouvre les yeux du peuple, le journaliste lui installe des œillères.

À cette critique, les journalistes répondront que, s'ils ne garantissent pas l'anonymat à certaines de leurs sources, ils ne sauront rien de ce qui se passe dans les coulisses du pouvoir, et que, s'ils violent l'engagement qui sous-tend cette méthode, plus personne ne leur fera de confidences. L'argument est convaincant. Cependant, lorsqu'on prend ses distances face aux préoccupations quotidiennes de ce métier, on se rend compte de ce que ce raisonnement comporte de risques. Il fait de nous des participants au jeu des politiciens, le jeu du mensonge et des demi-vérités. En dehors duquel nous jugeons notre profession impraticable.

Certains journaux américains se sont dotés de règles visant à limiter le plus possible le recours à des sources anonymes. Avant de promettre l'anonymat à un informateur, le reporter est tenu de s'assurer qu'il n'existe aucun autre moyen d'obtenir les renseignements en question. Le code d'éthique de la Fédération professionnelle des journalistes du Québec, adopté en 1996, prône que « les journalistes limitent le plus possible le recours à ces règles de conversation qui peuvent faciliter leur manipulation par des sources ». Pourtant, nombre d'entre nous continuent de balayer ces dangers sous le tapis de leur conscience. Comme s'il était plus commode d'oublier que le politicien parlant avec la certitude de ne pas être cité est libre de dire n'importe quoi. De salir sans preuve un rival, par exemple.

Dans le premier cas raconté plus haut, qu'est-ce qui prouve que vraiment « de plus en plus de députés pensent qu'il est temps de faire un changement » ? Que le politicien interrogé ne nourrit pas d'ambitions secrètes qui profiteraient de rumeurs de mécontentement parmi la députation ? Dans les jours qui ont précédé la démission de Michel Gauthier comme chef du Bloc québécois en 1996, un journaliste a rapporté que « selon une source bien informée le groupe [de députés putschistes] serait formé de Gilles Duceppe, Pierre Brien et Michel Belhumeur ». Cette information était peut-être exacte. Cependant, quelle belle façon, pour un partisan de M. Gauthier bien à l'abri derrière le *off the record*, de mettre des adversaires dans l'embarras !

Le danger est d'autant plus grand aujourd'hui que les politiciens et leurs acolytes sont passés maîtres dans la manipulation de cette arme. D'outil de travail des reporters, le *off the record* est devenu celui des détenteurs de pouvoir, des plus minables conseillers municipaux aux plus grands premiers ministres. Un outil qui leur permet de parler sans rendre de comptes. De mentir incognito.

En jouant le jeu l'un et l'autre, le journaliste et le politicien (ou l'adjoint politique, ou le fonctionnaire) concluent une entente tacite. Le second s'engage à alimenter le premier, pour autant que celui-ci utilise les renseignements à bon escient. C'est le « fournisseur » qui a la haute main sur la situation. Que le journaliste ne satisfasse pas les exigences de son *pusher*, et il sera privé d'une source précieuse. C'est un pacte avec le diable.

Grâce au *off the record*, les journalistes se trouvent de « bons contacts ». Des gens qui sont toujours disposés à leur fournir, anonymement, de l'information. Anonymement, mais pas gratuitement. Un jour, un reporter chevronné proposa à son journal un texte sur un sujet d'une platitude déconcertante. « J'aimerais ça que ça soit publié en bonne place, d'accord ?

— Pourquoi tu perds ton temps à écrire une histoire pareille ?

— Ben, c'est parce que ce gars-là, c'est un bon contact. Il m'a donné des bonnes histoires récemment, alors je lui dois bien ça... »

Trouvez la source

Imaginons une manchette : « Québec envisage de rétablir les péages sur les autoroutes ». Fier de sa primeur, le reporter révèle que, selon un document dont il a obtenu copie, le rétablissement des péages fait partie d'une série de mesures envisagées par le gouvernement. Au dixième paragraphe, il fait intervenir le critique de l'opposition officielle en matière de transports. « Interrogé à ce sujet, le député Y a accusé le gouvernement de... » Le lecteur n'y verra que du feu. Les collègues du journaliste auront tous compris : même si l'article camoufle ce fait, il est évident que c'est le député en question qui a remis le document au journaliste. Il a demandé au reporter de n'en rien dire parce qu'il sait très bien que cette information aurait nui à la crédibilité de la nouvelle et à l'importance que lui accorderait le journal. Un scoop obtenu de « source bien informée » a de bien meilleures chances de faire la manchette que les déclarations d'un député de l'opposition. Cela ne signifie pas que la nouvelle soit fausse, ou que le document n'existe pas. Mais en « donnant » une nouvelle, la source est en mesure de lui imprimer un angle, un *spin* particulier. Une source ne fournit jamais une information pour rien. Le lecteur, ne connaissant pas l'origine de la nouvelle, n'est pas en mesure d'en établir la juste valeur. Dis-moi d'où vient une information et je te dirai ce qu'elle vaut.

Les députés d'arrière-banc, qui cherchent par tous les moyens à se donner de l'importance, sont souvent les sources les plus enthousiastes des journalistes. Appelons ça le *principe du back-bencher* : plus un député est loin du pouvoir, plus il placote. Le principe vaut pour les ministres : les plus insignifiants sont les plus volubiles. Ce qui force à s'interroger sur la qualité des renseignements qu'ils fournissent. Si un ministre est trop niais ou trop paresseux pour comprendre les dossiers de son propre ministère, peut-on se fier à lui pour rapporter adéquatement ce qui se passe au cabinet ?

Le mensonge chiffré

Un vendredi soir durant la campagne référendaire sur l'accord de Charlottetown, l'attachée de presse du premier ministre Bourassa, Sylvie Godin, appela *La Presse*. « On a fait faire un sondage. On est prêt à vous le donner en exclusivité, ça t'intéresse-tu ? » Le truc était aussi astucieux que vieux. La campagne du OUI était en difficulté. Rien de mieux pour la relancer qu'un sondage publié à la une d'un grand quotidien affirmant que le OUI remonte la pente. En appelant à une heure où les décisions doivent se prendre rapidement, l'attachée de presse augmentait ses chances de voir l'offre acceptée.

La Presse refusa. Qui nous garantissait que le sondage était authentique ? Quand avait-il été effectué ? Disposerions-nous de toutes les questions posées ? De toutes les données méthodologiques ? C'est bien connu : les organisateurs ne coulent que les sondages qui leur sont favorables, au moment où ils le jugent opportun. Ils passent par les médias pour donner à ces sondages un air de crédibilité. Malheureusement, il n'est pas rare que les journalistes tombent dans le panneau. Tous ces chiffres, ces pourcentages, ces tableaux, cela fait tellement exact, tellement vrai. Pourtant, rien n'est plus facile à manipuler qu'un sondage. Le mensonge fait science.

Techniques d'entrevue

Étonnamment, le mensonge fait partie des outils des meilleurs journalistes. C'est-à-dire des plus fouineurs. Car leur travail consiste à faire parler des gens qui, souvent, sont craintifs ou récalcitrants. Pour y parvenir, il leur faut les piéger. Il y a plusieurs façons de s'y prendre. Pour l'inciter à se vider le cœur, le journaliste peut faire croire à une personne naïve ou désespérée que c'est son intérêt — et non un *scoop* — qu'il recherche (« Ça n'a pas de bon sens ce qui vous arrive, vous ne pouvez pas vous laisser faire comme ça ! »). Il peut faire l'imbécile, c'est-à-dire faire semblant qu'il ne se rend pas compte de l'importance de ce qu'on est en train de lui dire. Il peut — c'est ma stratégie préférée — faire croire qu'il cherche une chose alors qu'il en cherche une autre. Prétendre déjà tout savoir (« De toute façon nous allons publier ça dans le journal de demain, vous êtes aussi bien de donner votre point de vue sur l'affaire. ») L'information est alors obtenue sous de fausses représentations. Cela ne risque-t-il pas d'affecter sa valeur ? Il faut à tout le moins se poser la question.

Au cours d'une des plus grandes enquêtes journalistiques de l'histoire, celle qui devait permettre à Bob Woodward et Carl Bernstein de remonter la filière de Watergate jusqu'au président des États-Unis, les reporters usèrent de toutes ces techniques pour faire parler leurs contacts, et davantage. Sans exprimer le moindre remords. Il s'agissait de mensonges, bien sûr, mais les reporters ne s'en rendaient pas compte tellement ces façons de faire font partie des règles de l'art. Et puis, quand la cause est juste…

Sauf que Woodward et Bernstein agirent ainsi dès le début de leur enquête, alors qu'il était loin d'être évident que Watergate deviendrait ce qu'il est devenu, loin d'être évident que la cause était juste. À l'origine, ils ne travaillaient pas pour sauver la démocratie américaine, mais simplement pour servir leur propre intérêt et celui du *Washington Post* dans la course aux scoops. « Lorsqu'ils ont décidé de mentir, ils ne pouvaient pas savoir, et ils ne prétendaient pas savoir, les proportions que prendraient leurs découvertes, expliquent trois universitaires américains dans un ouvrage sur les responsabilités éthiques des médias. Dans ce cas-ci la démocratie est sortie gagnante, mais pas parce qu'ils cherchaient à aider la démocratie. Le bénéfice était imprévu, et imprévisible, la conséquence de décisions de violer non seulement la loi mais des principes moraux fondamentaux[1]. »

L'enquête des journalistes du *Post* reste néanmoins un modèle du genre, en raison de l'acharnement qu'ont mis les deux reporters à découvrir la vérité. Devant les obstacles considérables placés sur leur chemin, ils auraient pu, comme la plupart d'entre nous l'auraient fait, passer à un autre sujet. « Le journalisme, ce n'est pas très compliqué, affirme Bernstein aujourd'hui. La réalité, c'est que la plupart des reporters ne travaillent pas assez fort[2]. »

---

1. Christians *et al.,* p. 80.

2. Entretien avec l'auteur.

Revenons un moment à cette journée de juin 1996, au cours de laquelle Lucien Bouchard rencontre les journalistes à l'issue de sa tournée en Nouvelle-Angleterre. À l'époque, toute l'attention s'est portée sur les propos, possiblement mensongers, du premier ministre. Mais il importe de savoir que les reporters présents ne furent pas non plus d'une franchise exemplaire. Les journalistes tendirent, consciemment, un piège à M. Bouchard. À aucun moment du *scrum* ils n'informèrent le premier ministre de ce que leur avait révélé un adjoint du gouverneur du Massachusetts. L'auraient-ils fait dès le départ que M. Bouchard aurait certainement avoué ce qu'il finit par admettre plus tard. Il n'y aurait eu ni mensonge, ni question mal saisie, ni fatigue. Bref, pas de nouvelle.

Quelques mois plus tôt, *La Presse* apprenait qu'un texte venait d'être publié dans une revue américaine spécialisée — on ne savait pas laquelle — sur la maladie qui a failli coûter la vie à Lucien Bouchard. On me demanda de retrouver ledit texte. Après plusieurs appels infructueux, je finis par joindre un des médecins du célèbre patient. Celui-ci était très hésitant à diffuser largement un texte destiné à la communauté scientifique et qui révélait des détails jusqu'alors gardés secrets sur la maladie du chef du Bloc. La journée était déjà avancée, je voulais ma petite primeur. « Écoutez, ça va sortir un jour ou l'autre, aussi bien que ça sorte dans *La Presse* qu'ailleurs. Comme vous, je ne voudrais pas que ça sorte tout croche. Moi, je tiens à ce que les choses soient faites proprement, sans sensationnalisme. Nos intérêts se rejoignent. » Mon plaidoyer eut-il un effet sur le médecin? Tout cela n'était de toute façon que bouillie pour les chats; je voulais mon *scoop*, point. Je l'ai eu.

Au cours de la carrière du journaliste le plus ordinaire, on peut compter par centaines les cas d'hypocrisie de ce genre. Cette hypocrisie, vous la reconnaissez? C'est celle que nous reprochons constamment aux politiciens.

Suivez ce scoop!

Pour vraiment servir la vérité et la démocratie, les journalistes devraient dire et écrire tout ce qu'ils voient, tout ce qu'ils entendent, et trouver le moyen de « faire sortir » l'information sans conclure de contrats malsains avec les politiciens. Dire et écrire tout ce qu'ils voient; cela semble si évident… Et pourtant. Combien de journalistes ont confié à leurs collègues des anecdotes ou des faits significatifs… que jamais ils n'oseront raconter à leurs lecteurs. Faire du journalisme politique, c'est comme vivre dans un village. Il y a des choses dont on ne parle pas. Sans quoi les villageois vous rendront la vie impossible.

Vers la fin de son règne, le premier ministre Trudeau annonça une réorganisation du gouvernement fédéral. De nouveaux ministères au nom long comme ça étaient créés, d'autres étaient fusionnés. Un chef-d'œuvre digne du musée national de la bureaucratie. Tout cela semblait laisser Trudeau profondément indifférent. Sa performance durant la conférence de presse fut pitoyable : il ne se souvenait pas des nouveaux noms, ne connaissait pas leur traduction française, bafouillait comme jamais : « Vous avez le ministère de l'Industrie… euh, non, le ministère de l'Expansion… euh… régionale… » Son comportement était révélateur à la fois de la complexité des changements et du peu d'importance qu'il accordait au dossier. Mais combien de journalistes prirent la peine de signaler le fait à leurs lecteurs et auditeurs ? Apparemment anecdotique, l'indifférence du premier ministre permettait de voir la nouvelle dans une toute autre perspective.

Plus récemment, les journalistes francophones furent scandalisés quand un collègue anglophone eut le front de demander à Jacques Parizeau s'il avait bu le soir du référendum. C'était pourtant la seule chose dont ils parlaient entre eux depuis le discours malheureux du premier ministre. Et il ne fait aucun doute que la question était d'intérêt public.

Combien d'entre nous ont pris la peine d'enquêter sur les méthodes employées par les organisations politiques, par exemple à l'occasion du choix des délégués aux congrès à la direction ou pendant les assemblées d'investiture ? Il y a là foison de manœuvres déloyales. Mais, à moins qu'une des parties ne dénonce le grenouillage du camp adverse, la presse se contente d'annoncer les résultats et de diffuser les discours. Par paresse, et faute de volonté, de temps, de courage, d'encouragements.

Bien sûr les médias font régulièrement état de scandales de tout ordre. Mais combien de ces scandales sont le fruit de l'initiative et du travail des journalistes eux-mêmes ? À cet égard, les deux « affaires » de l'automne de 1996, l'« affaire Roux » et l'« affaire Therrien » sont significatives. Dans le premier cas, c'est le journaliste Luc Chartrand qui a révélé les « errements de jeunesse » du lieutenant-gouverneur du Québec. Mais si on en juge par son texte dans *L'actualité*, il l'a fait sans trop mesurer les répercussions qu'auraient les aveux « plus anecdotiques que scandaleux » du comédien. L'affaire a pris les proportions que l'on sait seulement lorsque des militants souverainistes, puis le Congrès juif ont décidé de lui accorder de l'importance. Les médias n'ont fait que prendre le train lancé par les politiciens et les groupes de pression, en chauffant la chaudière à blanc comme c'est leur habitude.

Dans le cas de la nomination du juge Richard Therrien, l'information est venue du Parti libéral. Journalistes et éditorialistes se sont vite scandalisés du fait qu'on ait nommé « un felquiste » à la magistrature. Mais n'est-il pas étonnant qu'aucun d'entre eux, dont certains ont couvert la crise d'Octobre, n'ait relevé ce fait troublant avant que l'opposition ne le fasse ? Si « tout le monde le savait », comment se fait-il qu'aucun journaliste n'ait réagi à l'annonce de la nomination de M. Therrien ? Comment peut-on blâmer le ministre de la Justice de ne pas l'avoir su ?

Il suffit de passer quelques jours dans une salle de rédaction, ou quelques heures à un *party* de journalistes, pour prendre conscience de la quantité de renseignements que ceux-ci gardent pour eux. D'ailleurs, combien de fois n'entend-on pas l'un d'entre nous protester, lorsqu'un rival plus vaillant sort un scoop : « Je savais déjà tout ça ! » Claude Morin informateur de la GRC ? Tout le monde savait ça !

Peut-être que savoir ce que le commun des mortels ignore nous procure un sentiment d'importance, l'impression de faire partie… du pouvoir ! Le secret, rappelle John Saul, est « une source de fierté », « un procédé grâce auquel l'homme prend conscience qu'il vaut quelque chose[3]. »

Anecdote. Meech meurt à petit feu. Responsable du *beat* de l'éducation pour *La Presse,* je rencontre le ministre de l'Éducation de l'époque, Claude Ryan, à son bureau de la rue Fullum. À la fin de l'entrevue, je tente d'amener M. Ryan sur le sujet de la Constitution. Rien à faire. « Vous comprenez, monsieur Pratte, que je laisse le ministre responsable discuter de ce sujet-là… » Tandis que le ministre me guide vers la sortie, la discussion reprend sur le même thème. M. Ryan entreprend de me décrire, une certaine hargne dans le ton, le mépris avec lequel Pierre Trudeau avait accueilli son Livre beige sur la réforme constitutionnelle une dizaine d'années plus tôt. Un récit qui, dans le

3. Saul, p. 319.

contexte des sorties de l'ancien premier ministre contre l'entente de Meech, aurait fait une très bonne histoire. Mais nous étions *off the record*. Bof ! Ça fait au moins quelque chose d'intéressant à raconter à mes amis : « Je te le dis, c'est Ryan lui-même qui m'a dit comment ça s'était passé… »

Spinnés par les spinneux

Du ministère de l'Éducation rue Fullum, transportons-nous au Centre national des arts d'Ottawa, quelque trois ou quatre ans plus tard. C'est ici qu'ont lieu les débats des chefs en vue de l'élection fédérale de 1993. Entassés dans une salle de presse de fortune, les journalistes suivent le débat en français. Dès la fin de l'affrontement, des membres de chaque organisation se disséminent parmi la foule de reporters pour accorder, voire solliciter, des entrevues. On les surnomme les *spin doctors*. Leur rôle est de donner de l'événement l'interprétation la plus favorable possible pour leur poulain (le *spin*). Les commentaires des Jean Charest (PC), Louise Beaudoin (Bloc) ou André Ouellet (PLC) n'ont aucune valeur. Ils ne reflètent en rien l'évaluation que chaque organisation fait de la soirée. Pourtant, les reporters se précipitent pour enregistrer ces balivernes et les rapporter à leurs auditeurs/lecteurs. De même que les propos des combattants à la sortie de l'arène. « Mme Campbell, êtes-vous contente de votre performance ? » À question stupide, réponse insignifiante : « Je suis très satisfaite. »

Les journalistes eux-mêmes affichent un cynisme certain à l'égard de ce cirque. Ils s'amusent entre eux des énormités proférées par les *spin doctors*. Mais cela ne les empêche pas d'en faire largement écho. Et de perdre leur temps à recueillir ces inepties plutôt que de réécouter les moments clés du débat, d'analyser le sens des déclarations de chacun, de s'interroger sur la véracité de leurs réponses. En questionnant les organisateurs de chaque parti après les débats, les journalistes ont l'impression d'aller plus en profondeur… En fait, cet exercice les maintient à la surface.

Aujourd'hui, les *spin doctors* sont partout. Toujours présents, interceptant tous les appels, court-circuitant toutes les enquêtes, ces phraseurs professionnels font habilement croire aux représentants des médias qu'ils les laissent pénétrer au sein même de la machine… alors qu'ils ne font que dresser un décor en trompe-l'œil. « L'un des meilleurs tests permettant de savoir si vous faites un bon travail de reporter est de calculer quelle part de votre temps est consacrée à interviewer des personnes dont le *travail* consiste à parler aux journalistes, écrit James Fallows, un journaliste américain. Plus forte est cette proportion, plus facile est votre travail quotidien mais moins vous risquez d'apprendre de choses[4]. »

Les insolences d'une caméra

Toute puissante qu'elle est, la télévision fait face à des obstacles particuliers quand vient le temps de couvrir la politique : au paradis des chuchotements anonymes, il lui faut des images et du son ! Les reporters télé font néanmoins de valeureux efforts pour nous faire pénétrer dans les coulisses. À l'occasion du Sommet sur l'économie et l'emploi tenu à la fin du mois d'octobre 1996, des équipes du *Point* ont suivi l'homme d'affaires Jean Coutu et le président de la FTQ, Clément Godbout. « Pendant les quatre jours du sommet, nous avons obtenu un accès rare aux négociations derrière les projecteurs, a annoncé Jean-François Lépine en présentant le reportage de Bertrand Hall et d'Hélène Pichette. Voici donc… ce qui s'est vraiment passé au sommet. »

Cependant, quiconque ayant attentivement regardé le reportage a pu constater que, malgré les prétentions de Lépine, nous n'étions pas du tout dans les coulisses du sommet. Nous n'avons rien vu des séances de négociations, rien su des compromis des uns et des autres. Nous avons simplement eu droit aux états d'âme de deux des acteurs, avant et après chaque séance. Deux acteurs qui, de toute évidence, étaient fort conscients de la présence des caméras et en profitaient pour donner leur petit spectacle. « La télévision induit le *show* de toute façon, concédait Hall par la suite. Ce qu'on fait, c'est reculer un petit peu la frontière, on met le pied dans les coulisses[5]. » L'exercice fait certainement de la bonne télévision. Mais il faut le présenter pour ce qu'il est, pas plus. Car tout indique que, à mesure qu'on tente d'y mettre le pied, la coulisse recule d'autant.

---

4. Fallows, p. 148.

5. Entretien avec l'auteur.

Scrumville

Vingt-trois novembre 1996, au Centre des congrès de Québec. Lucien Bouchard vient de faire savoir aux membres du Parti québécois réunis en congrès que, à la suite du résultat décevant du vote de confiance à l'endroit de son leadership, il s'accorde un « temps de réflexion ». Les journalistes sont fébriles. L'un d'entre eux sort de la salle en lançant : « Chevrette va scrummer ! » Le troupeau se précipite.

Le ministre Guy Chevrette n'a rien à dire. À toutes les questions, il donne des réponses on ne peut plus vagues. Voici le député bloquiste Gilles Duceppe qui sort de la salle. Micros et caméras s'agglutinent autour de Duceppe, abandonnant le député de Joliette, puis un journaliste revient discrètement vers lui... Voici Chevrette *off*. Il n'en dira pas tellement plus que sous les projecteurs, mais un peu. Il spéculera, comparera le score de Bouchard à ceux obtenus jadis par Lévesque et Johnson, évoquera la réaction du premier ministre lorsqu'on lui a annoncé le résultat : « T'sé, Bouchard, c'est un homme fier. » Rien de cela ne sera publié le lendemain.

Les reporters attendent la prochaine victime. L'un d'entre eux en profite pour dévoiler... le nom de l'heureuse gagnante du *pool* qu'ils ont tenu entre eux sur le résultat du vote. Rares sont ceux qui songent à interviewer les simples militants sortant de la salle, déçus, inquiets ou en colère. Rares aussi seront ceux qui, cette folle fin de semaine passée, reviendront sur les événements pour aller au fond des choses : pourquoi Bouchard a-t-il réagi ainsi ? a-t-il réellement songé à démissionner ? Il faut passer à autre chose, à la nouvelle du jour, aux réactions, aux *scrums* et aux conférences de presse. Et commenter, commenter ! L'un des seuls à fouiller sérieusement l'affaire sera — encore une fois — Denis Lessard, de *La Presse*.

Perdus dans le trafic

Il y a quelques années, alors que j'étais responsable de la division politique à *La Presse,* je reçus un appel étonnant. « Monsieur Pratte ? » J'ai tout de suite reconnu la voix. C'était Jean Chrétien, chef de l'opposition officielle à la Chambre des communes. Il était mécontent du contenu d'un texte publié dans nos pages la veille. Je ne me souviens pas exactement du sens de sa plainte, mais je me rappelle distinctement une menace à peine voilée : « Vous savez, je rencontre votre patron assez souvent… » Je pourrais difficilement soutenir que cet appel ne m'a pas rendu plus attentif à notre couverture du chef libéral.

Des démarches de ce genre, les politiciens en font fréquemment. Pour se plaindre, pour complimenter, pour fournir un peu d'*inside*. Il serait vain de prétendre qu'elles n'ont aucun effet. Les journalistes sont flattés qu'un politicien important prenne la peine de les appeler. Ou même les reconnaisse. Brian Mulroney se faisait un devoir, durant les *scrums* et les conférences de presse, de répondre aux questions des reporters en utilisant leur nom ou leur prénom. « Well, Tom, this government is committed to… »

Les dirigeants de nos médias sont fréquemment en relation avec les politiciens de haut rang. Ils passent des heures à leur parler au téléphone, à dîner avec eux, à échanger renseignements et confidences. L'effet de ces contacts est difficile à évaluer. Il n'est pas rare, pour ne donner qu'un exemple inquiétant, que des suggestions de reportages s'ensuivent. Chose certaine, les patrons de presse disposent, par ce biais, de quantités de renseignements privilégiés qui ne seront jamais connus du grand public. Cela est-il sain ?

Il s'agit d'une sorte de trafic d'influence qui devrait être combattu plus vigoureusement qu'il ne l'est actuellement. Un moyen efficace serait d'en faire état publiquement. De ne pas se laisser envelopper dans cette intimité incestueuse avec les politiciens. Mais il faut admettre que cela exigerait, de la part des journalistes et de leurs patrons, un courage peu commun. Car il s'agirait, d'une certaine façon, de mordre la main qui nous nourrit. Et de se priver de cette impression de faire partie du grand monde qui est, sans contredit, un des côtés les plus agréables de ce métier de fou.

La *game*

Tout comme les policiers et les médecins finissent par se blinder contre les horreurs qu'ils voient quotidiennement, plusieurs journalistes en viennent à accepter le mensonge politique. À leurs yeux, tous les politiciens sont corrompus, menteurs, et à l'exception de cas particulièrement graves, cela ne vaut même plus la peine d'être rapporté : « Y a rien là ! », « Ça fait partie de la *game* ! ». Comme les politiciens qu'ils sont censés « surveiller », les journalistes ont fini par admettre le caractère inévitable, nécessaire, utile du mensonge. C'est ainsi que les médias d'aujourd'hui en sont venus à « couvrir », littéralement, les politiciens. « Les médias ne sont pas un contre-pouvoir ; ils sont "du" pouvoir[6] », a écrit Gilles Lesage, l'un des membres les plus respectés de notre profession. De la même façon, ne pourrait-on pas dire que les médias sont « dû » mensonge ?

Il est vrai que les reporters politiques adoptent souvent un ton critique, voire cynique. Mais cela va rarement loin, rarement jusqu'à une recherche approfondie de la vérité, des faits. Dès que les choses se compliquent, dès qu'il faut travailler plus que quelques heures, beaucoup de journalistes passent à autre chose. D'autres, les plus populaires ces années-ci, s'opposeront tout simplement à tout ce que le pouvoir propose. Il s'agit alors de dénoncer à tort et à travers, plutôt que d'informer. Dans un cas comme dans l'autre, le citoyen n'est pas plus avancé. Dans le premier cas, les médias sont complices du mensonge par leur nonchalance. Dans le second, ils le sont par leur contribution à l'abrutissement public.

« Le reportage n'est pas la sténographie, écrivait récemment Carl Bernstein. C'est la recherche de la meilleure version disponible de la vérité. Cependant les tendances dominantes en journalisme aujourd'hui ne vont ni vers un engagement en faveur de la version la plus complète de la vérité ni vers la construction d'un nouveau journalisme fondé sur du reportage solide et réfléchi. [...] Malheureusement, ce qui se produit aujourd'hui, c'est que la forme la plus vile de culture populaire — le manque d'information, la mauvaise information, la désinformation et le mépris de la vérité ou de la réalité de la vie des gens — a pris le dessus sur le vrai journalisme[7]. »

La paille dans l'œil du voisin

Si les journalistes s'insèrent si bien dans le système du mensonge, c'est peut-être qu'ils s'y sentent parfaitement à l'aise. D'ailleurs, rien dans leur comportement n'indique qu'ils sont plus vertueux que les politiciens. Je me souviens d'une campagne pour la présidence de la

---

6. Lesage, p. 286.

7. Bernstein, p. 24.

Tribune de la presse à Ottawa où la démagogie et les coups bas furent dignes d'une élection de l'époque duplessiste. Et ce sont ces mêmes gens qui, dans leurs chroniques ou assis au bar, se permettaient de donner des leçons de moralité publique aux élus !

À cet égard, il est intéressant de constater que les journalistes qui passent dans l'autre camp, devenant attachés de presse ou conseillers politiques, n'ont aucun mal à se transformer en menteurs de haut calibre. « Il n'y a rien de pire qu'un ancien journaliste ! » dit-on d'ailleurs dans le milieu.

On a pu voir aussi que, lorsqu'il s'agit de leurs propres affaires, les journalistes ne sont pas plus francs que les politiciens. En septembre 1995, Jean Bédard, de Radio-Canada, rend public un document proposant que l'anglais redevienne langue officielle au Québec. Le journaliste laisse entendre que ce document circule parmi les militants libéraux. La manchette du téléjournal de fin de soirée lie explicitement le document au PLQ. La SRC dut se rétracter le lendemain. Néanmoins, à quelques semaines du référendum, l'affaire plongea les libéraux dans l'embarras. Les patrons du service de l'information firent enquête, et des mesures furent prises. Lesquelles ? Motus et bouche cousue. D'où venait ce document exactement ? Qui l'avait coulé ? Pourquoi ? Mystère. Quand il s'agit d'eux-mêmes, les médias ont la fâcheuse manie de ranger au placard l'étendard du droit du public à l'information qu'ils brandissent si haut en toute autre circonstance.

Le cas du critique de théâtre Robert Lévesque, anciennement du *Devoir,* est semblable. La direction du journal a systématiquement refusé de dévoiler les résultats de son enquête sur une série de textes sabotés et d'expliquer les raisons pour lesquelles Lévesque avait démissionné le jour même où le journal annonçait que le problème était réglé. Imaginons un instant qu'un ministre quitte son poste dans des circonstances aussi obscures ; *Le Devoir* ne serait-il pas le premier à s'indigner de ce que le gouvernement ne donne aucune explication ?

En août 1996, la rédactrice en chef de *The Gazette,* Joan Fraser, abandonnait son poste. Le journal n'a jamais clairement expliqué ce départ. Un membre du conseil d'administration de Southam a laissé entendre qu'on avait forcé Mme Fraser à partir parce que ses idées étaient jugées par trop modérées. Mme Fraser elle-même s'est contentée de dire qu'elle croyait « le moment opportun avec l'arrivée d'un nouveau propriétaire ».

Il y a deux ans, j'eus le malheur d'écrire un texte intitulé « Tout est pourri », qui mit le propriétaire de *La Presse* hors de lui. On me retira sur-le-champ le poste de *columnist* que j'occupais depuis quelques mois. L'incident ayant provoqué une levée de boucliers, la direction revint sur sa décision. Je pus donc reprendre — temporairement — mon poste. Tout cela serait sans intérêt dans le présent contexte si ce n'était d'une anecdote. L'après-midi où la direction du journal annonça qu'on me réintégrait dans mes fonctions, un journaliste du *Devoir* m'appela afin de recueillir mes commentaires. Durant toute cette mini-affaire, j'avais refusé de répondre aux questions des reporters. Devant les vaillants efforts de ce collègue pour me faire dire ce que je pensais de l'attitude des patrons de *La Presse*, je me livrai à une démonstration de patinage digne de Josée Chouinard ou de… Robert Bourassa. Faire part du fond de ma pensée, je le savais, c'était provoquer à coup sûr mon congé-diement.

Comme quoi entre prêcher la vérité et la dire, il y a une marge.

L'héritage d'André Ouellet

Venons-y, justement. « Ben toi, Pratte, si t'es si bon, montre-nous donc comment faire ! » Entre prôner un journalisme de vérité, un journalisme à la fois plus critique et plus factuel, plus sceptique et plus ouvert, et le pratiquer, il y a un fossé que je ne prétends d'aucune façon avoir franchi. Il ne s'agit pas ici de faire la leçon à qui que ce soit. Il s'agit, simplement, d'exprimer un malaise devant notre façon de pratiquer cette profession.

Ce malaise, il remonte à mes premiers mois en tant que courriériste parlementaire à Ottawa pour la station CKAC. En même temps que, courant d'un *scrum* à l'autre, je découvrais la culture mensongère des politiciens, je pris conscience que j'en faisais moi-même partie. Ce ne fut jamais aussi évident qu'au cours de mes nombreuses entrevues avec André Ouellet, alors influent ministre et organisateur libéral. M. Ouellet, un homme beaucoup plus intelligent qu'on ne le croit généralement, avait une manière fascinante de dire les pires énormités devant la caméra avec un petit sourire en coin, imperceptible pour le téléspecta-teur, mais que les habitués connaissaient. Un sourire qui laissait en-tendre : « Toi pis moi, on sait que ce que je dis n'a pas d'allure, mais qu'est-ce que tu veux, c'est la politique. »

Chaque fois que je questionne un homme ou une femme politique, je revois André Ouellet et son petit sourire en coin. Le sourire de la duplicité. Et je me demande comment je pourrais le faire voir aux électeurs, en gros plan. Mais il y a l'abondance de nouvelles quotidiennes, la crainte de passer à côté de LA nouvelle, la concurrence…

Il s'agit donc de faire part d'un malaise. De voir si d'autres le partagent. Et de soulever, peut-être, une discussion : peut-on faire une autre sorte de journalisme politique ?

DEUXIÈME PARTIE

La fièvre

Les ombres chinoises

> Ceux qui occupent des postes au gouvernement devraient être tenus de respecter les standards moraux les plus élevés. Leurs mensonges ne sont pas ennoblis par leurs postes ; au contraire.
>
> Sissela Bok

« Qu'est-ce que t'en penses ?
— Y sont fous... »

Toute la faune du journalisme politique canadien est réunie, ce matin-là, dans un hôtel d'Ottawa. Dans le brouhaha habituel, les journalistes essaient de se concentrer suffisamment pour passer au travers d'un document touffu de 107 pages, sans négliger pour autant leur activité favorite : le placotage.

« What do you think ?
— They're nuts ! »

À plus d'un mois de l'élection du 25 octobre 1993, le Parti libéral du Canada dévoile son programme. D'un coup ! Un programme détaillé, chiffré, élégamment mis en pages, qu'on baptisera vite le « Livre rouge ». Des experts en différents domaines — économie, défense, etc. — sont même sur place pour répondre aux questions des reporters. Du jamais vu.

Certains commentateurs sont convaincus — les journalistes ne doutent jamais — qu'il s'agit d'une gaffe monumentale. D'autres crient au génie. Tous, en tout cas, sont impressionnés par la qualité du document et par l'audace de Jean Chrétien. Michel Vastel appellera ça « le risque de la vérité ».

Les moments de vérité

L'aurait-on oublié ? La vitalité d'une démocratie dépend de la qualité du débat électoral. C'est par l'élection que le peuple exerce son pouvoir. Non seulement parce qu'à cette occasion les citoyens choisissent un gouvernement et un programme, mais aussi parce que, jouissant de ce pouvoir, ils conservent, entre les scrutins, une certaine influence sur ceux qui gouvernent.

Pour qu'il y ait démocratie, il ne suffit pas qu'il y ait des élections. Il faut aussi que celles-ci soient des moments de vérité, au sens littéral de l'expression. Ceux qui aspirent à gouverner doivent se présenter et exposer leurs idées avec franchise et honnêteté. Sans quoi la démocratie est faussée.

Qui plus est, une fois élus, les gouvernants doivent respecter sinon toutes leurs promesses, du moins l'orientation générale, la vision qu'ils ont proposée. Faute de quoi, le choix démocratique est dénué de sens. « Il n'y a pas d'engagements vrais sans la volonté de les réaliser », a dit avec justesse (sinon avec sincérité) Jean Chrétien.

Nous savons tous que par le passé, ici comme ailleurs, ni l'une ni l'autre de ces conditions n'ont été respectées. D'où la piètre réputation des politiciens et le cynisme profond qu'entretient la population à leur endroit. Selon une enquête menée auprès de 4 000 personnes durant la campagne fédérale de 1993, 92 % des Canadiens estiment que « les politiciens sont prêts à dire n'importe quoi pour se faire élire[1] ». Quatre-vingt-douze pour cent ! Rares sont les questions qui amènent une réponse aussi unanime.

La désillusion populaire a atteint un niveau tel que les politiciens ont commencé à s'en préoccuper. Pas une campagne électorale où les candidats ne s'en inquiètent. Pas une où l'un ou l'autre ne se présente comme un « politicien différent », n'offre de faire « une nouvelle politique » ou « une autre façon de gouverner ». Les politiciens, nouveaux comme anciens, ont promis de changer.

---

1. Données non publiées de la *1993 Canadian Election Study,* fournies à l'auteur par le professeur André Blais, du département de science politique de l'Université de Montréal.

Or, cet engagement devra à son tour être jeté dans l'immense dépotoir des promesses non tenues (mais recyclables !). La démonstration est déjà faite : la conversion des politiciens à la franchise, à l'honnêteté, à l'ouverture, est factice. Il ne s'agit, en fait, que d'un nouveau mensonge, destiné à amadouer le peuple. Serait-ce que les politiciens n'ont rien appris ? Non. Ils ont appris une autre façon de mentir, une nouvelle manière de promettre.

Au cours des campagnes électorales récentes, les partis ont été fort prudents quant à leurs engagements et ont fait de cette frugalité la preuve du renouveau : « Les gens ne veulent pas qu'on leur promette n'importe quoi. » Les politiciens ont compris que des promesses trop précises finiraient par leur retomber sur le nez... qu'ils ont déjà fort long. Les engagements concrets, chiffrés, sont généralement modestes, et pourront être tenus sans difficultés. Ils jouent de toute façon un rôle accessoire dans la campagne électorale. Ce que les partis cherchent à vendre, c'est une image. Et celle-ci est formulée de la façon la plus vague possible, quasi subliminale. Il s'agit de faire en sorte que l'électeur lise — dans les discours et la publicité — un message, sans que ce message soit énoncé explicitement. C'est-à-dire sans que les politiciens se soient engagés à quoi que ce soit.

Les campagnes électorales se sont transformées en jeux d'ombres chinoises. Le peuple aura beau se plaindre qu'on lui avait promis de ne pas couper tel programme, le politicien pourra calmement répondre qu'il n'a jamais dit cela. Et ce n'est tout de même pas sa faute si les électeurs n'ont pas lu le quatrième paragraphe de la page 63 de son programme !

Avez-vous lu le Livre rouge ?

Le risque de la vérité ? En réalité, Vastel, comme tous ces journalistes qui étaient à Ottawa ce jour-là, comme tous les électeurs, s'est fait passer un magistral sapin. Les libéraux n'avaient pas pris le risque de la vérité. Ils avaient choisi, comme toujours, le chemin le plus sûr. Le chemin du mensonge.

De tribune en tribune, Jean Chrétien joua, comme seul un vieux pro peut le faire, le jeu de la franchise : « Dans quatre ans, vous pourrez revenir nous voir et nous demander : avez-vous fait ce que vous aviez promis dans votre Livre rouge ? » Peu d'électeurs, évidemment, se donnèrent la peine de lire le fameux document. Pourquoi perdre son samedi à lire 107 pages de blabla et de tableaux ? Le simple fait qu'il y avait 107 pages et des tableaux prouvait le sérieux de l'entreprise. Les conservateurs, eux, n'avaient que les cheveux blonds de Kim Campbell. Et puis un petit cahier bleu produit en catastrophe. Cent sept pages contre un feuillet !

À quoi bon lire le Livre rouge ? Les journalistes avaient dit que c'était sérieux, chiffré, crédible. En outre, la publicité et les discours des libéraux étaient clairs : priorité à l'emploi, protection des programmes sociaux. Jean Chrétien remporta les élections haut la main.

Il aurait mieux valu perdre un samedi. Et un dimanche. Peut-être aurions-nous remarqué que le Livre rouge, loin de constituer un acte de franchise, était un chef-d'œuvre d'impressionnisme politique. Prenons le cas de la santé. « Il faut repenser les dépenses publiques de santé, explique le Livre rouge. Le système de santé a été fragilisé parce que le gouvernement conservateur n'a pas cessé de réduire les dépenses de santé en les répercutant sur les provinces. Peu importe la conjoncture, les besoins des Canadiens en matière de santé restent. Le financement de nos soins de santé doit pouvoir compter sur des scénarios prévisibles. C'est essentiel. » Que comprenez-vous de ce texte ? Qu'alors que les conservateurs ont réduit les dépenses de santé, les libéraux ne le feront pas. « Peu importe la conjoncture, les besoins des Canadiens en matière de santé restent »… Les candidats libéraux ont répété la même chose tout au long de la campagne électorale.

Que s'est-il passé ? Dans son budget de février 1995, le ministre des Finances, Paul Martin, annonçait fièrement que les transferts fédéraux aux provinces — qui servent notamment à financer les soins de santé — « devraient diminuer de $3,7 milliards entre 1994-95 et 1996-97 ». On sait quel effet cette décision a eu sur les hôpitaux. Relisons maintenant, attentivement, la dernière phrase de cet engagement du Livre rouge… et nous constatons que les libéraux n'ont pas du tout promis de maintenir les dépenses fédérales en matière de santé, mais de prendre des décisions suivant des « scénarios prévisibles ». Nous allons vous décapiter, mais vous allez le savoir à l'avance !

Depuis leur élection les libéraux se sont lancés 1) dans une lutte acharnée au déficit, qui passe notamment par d'importantes réductions de personnel dans la fonction publique (c'est-à-dire l'abolition d'emplois) et par des réductions importantes des subventions versées aux provinces en ce qui a trait à la santé et à l'éducation ; et 2) dans une réforme des programmes sociaux qui, quoi que laisse croire le bouquet sémantique cultivé par nos fonctionnaires, a abouti à des programmes moins généreux.

Nous ne nous préoccupons pas ici du bien-fondé ou non de telles mesures. Ce qui compte, selon notre point de vue, c'est que le gouvernement libéral fait exactement ce que, au cours de la campagne électorale, il dénonçait chez les conservateurs. On ne trouve pas dans les paroles de M. Chrétien ou dans le Livre rouge d'engagements blindés à cet égard, c'est vrai. On trouve plutôt des textes et des déclarations rédigés de façon à créer une image, une ombre. « Pour réduire le déficit à zéro, disait M. Chrétien le 23 septembre 1993, et c'est ce qu'elle (Mme Campbell) veut faire, tu dois couper dans les programmes sociaux. Elle a l'obligation de mettre par écrit quels programmes sociaux elle veut couper. » Sous-entendu : « Nous, nous ne couperons pas les programmes sociaux. »

Qu'un parti porté au pouvoir n'ait pas tenu ses promesses électorales, cela n'a rien de très nouveau. L'originalité ici, c'est que les libéraux fédéraux n'ont pas pris d'engagements clairs. Au point qu'il est difficile de savoir exactement ce qu'ils ont dit. M. Chrétien n'a jamais catégoriquement promis d'épargner les programmes sociaux ou les transferts aux provinces. De fait, chaque fois que les journalistes le questionnaient là-dessus, le futur premier ministre restait évasif : « Quand on a demandé à M. Chrétien cette semaine s'il pouvait promettre de ne pas faire de compressions dans les programmes sociaux, il a uniquement dit qu'il n'avait pas "l'intention" de le faire, rapportait La Presse du 2 octobre 1993. M. Chrétien dit aussi ne pas avoir "l'intention" de geler les paiements de transfert aux provinces. »

La campagne libérale était ainsi menée : laisser l'impression qu'il n'y aurait pas de compressions, sans en faire un engagement formel. De sorte qu'une fois au pouvoir, M. Chrétien pourrait prétendre qu'il n'avait pas violé ses promesses. Mais le mensonge est-il moins grave parce qu'il est plus habile ?

Le déficit ou les emplois ?

Les Canadiens veulent que le gouvernement réduise son déficit, mais souhaitent avant tout que l'État se préoccupe de création d'emplois.

Interrogés par l'équipe de l'*Enquête sur l'élection canadienne de 1993*, 58 % des électeurs estimaient à l'époque que le gouvernement devait s'efforcer de réduire le chômage, même si cela signifiait un déficit élevé[2]. C'est ce courant majoritaire qui a valu aux libéraux leur victoire de 1993. Courant fort bien résumé en campagne électorale par le futur premier ministre : « Réduire le déficit à court terme fera grimper le chômage à 25 %, et quand on a 25 % de chômeurs, on ne se préoccupe pas du déficit parce qu'on aura une révolution sur les bras. »

Le Livre rouge affirme d'ailleurs : « Il ne suffit pas, comme le proposent les conservateurs, de réduire les dépenses de l'État. Il faut accélérer la croissance économique et faire reculer le chômage pour alléger durablement le déficit. » Comment y arriver ? Le Livre rouge proposait un programme de grandes dépenses d'équipement et quelques autres mesures dont le coût serait compensé, essentiellement, par des compressions dans les budgets militaires et dans ceux des services professionnels. Les autres mesures nécessaires pour atteindre l'objectif d'un déficit équivalent à 3 % du PIB ne sont mentionnées qu'en termes fort vagues : « Nous réduirons les dépenses publiques en abolissant les programmes inutiles, en resserrant les procédures, en éliminant les dédoublements, en collaboration avec les gouvernements provinciaux. » Voilà qui ne devrait pas faire trop mal…

Du discours libéral tout le monde a compris le message suivant : lutte au déficit, oui, mais priorité à la création d'emplois. À tel point que plusieurs analystes s'en sont pris aux libéraux durant la campagne, estimant qu'ils suggéraient là une politique irresponsable. Parmi eux, l'éditorialiste en chef de *La Presse,* Alain Dubuc, selon qui le programme libéral relevait de la « supercherie ». Pour réduire le déficit, notait-il, « les libéraux comptent sur le laisser-faire, en espérant que la croissance économique gonflera les coffres de l'État. […] Le document libéral est donc, malgré ses qualités, de la même eau que la campagne de M. Chrétien, et propose une démarche à l'optimisme débordant et suspect, qui perpétue le mythe des solutions faciles. »

Son confrère Claude Picher jugeait le programme libéral simpliste : « Couper à un endroit pour donner à un autre ne constitue pas un gros effort de réduction du déficit. À quelques poussières près, le programme

---

2. *Ibid.*

libéral maintient les dépenses du gouvernement à leur niveau actuel. [...] Pour réduire le déficit, on se fie donc aux augmentations de revenus découlant de la croissance économique. »

À l'instar de la grande majorité des électeurs, ces analystes éminents interprétaient le message libéral comme le PLC souhaitait qu'il soit compris : premièrement l'emploi, deuxièmement la dette.

Chronique d'un virage annoncé

Il ne fallut pas beaucoup de temps au nouveau gouvernement pour renverser totalement cet ordre de priorités et revenir à la politique conservatrice que tous les gouvernements d'Occident ont imposée au cours des dernières années. À l'automne de 1994, le ministre des Finances, Paul Martin, publie un document qui doit préparer l'opinion aux mesures draconiennes qui suivront. « L'assainissement des finances publiques du Canada est un préalable indispensable à la réalisation de tous les autres éléments de la stratégie économique » peut-on lire dans *Un nouveau cadre de la politique économique*. D'abord le déficit, ensuite la croissance. Une spectaculaire volte-face.

Une volte-face confirmée par le budget de février 1995, alors que les libéraux annoncent des mesures destinées à « transformer en profondeur les activités du gouvernement fédéral ». Parmi ces mesures, il y a, faut-il le rappeler :

• une coupure de 45 000 (14 %) postes chez les fonctionnaires fédéraux ;

• le remplacement des programmes de transfert aux provinces par le Transfert social canadien (rebaptisé plus tard Transfert canadien pour la santé et les programmes sociaux), qui devait se traduire par une baisse des transferts en argent de plus de six milliards de dollars entre 1995-96 et 1998-99 ;

• une réforme de l'assurance-chômage entraînant une réduction de 10 % de la taille du régime et une diminution substantielle de la proportion des chômeurs couverts.

Le budget de 1996 a poursuivi dans le même sens, annonçant de nouvelles compressions de deux milliards. Il va même plus loin que le client en demande, fixant désormais pour objectif un déficit équivalent à 2 % du PIB, alors que le Livre rouge parlait de 3 %.

Encore une fois, il ne s'agit pas ici de savoir si cette politique est bonne ou non ; il s'agit simplement de constater que ce n'est pas pour appliquer cette politique-là que les libéraux ont été élus. Le 25 octobre 1993, on offrait aux électeurs canadiens le choix suivant : un gouvernement qui éliminerait son déficit pour parvenir à la croissance économique, ou un gouvernement qui stimulerait la croissance économique pour réduire son déficit. Ils ont choisi cette deuxième voie ; c'est la première que le gouvernement Chrétien leur a imposée.

Les mêmes analystes qui déploraient le ton de la campagne libérale se sont réjouis de cette conversion. Le *Globe & Mail*, un temps séduit par le programme économique du Reform, s'est félicité du fait que « les libéraux cuisinent à partir du livre de recettes des conservateurs ».

« S'il y a virage, écrivait Alain Dubuc au lendemain de la publication du *Nouveau cadre*, c'est soit parce que les libéraux, par calcul électoral, n'avaient pas voulu révéler la nature de leurs intentions avant d'avoir pris le pouvoir, soit parce que, par naïveté, ils ont cru qu'ils pourraient régler le problème [du déficit] sans utiliser la manière forte. » Il faudrait être fort naïf, justement, pour croire à la deuxième hypothèse envisagée par l'éditorialiste. Se peut-il, vraiment, qu'un politicien aussi expérimenté que Jean Chrétien (c'est pour ça qu'il fallait voter pour lui, rappelez-vous !), qui a déjà été ministre des Finances, n'ait pas eu, avant l'élection, idée de la situation financière réelle du gouvernement fédéral ? Qu'un homme d'affaires aussi avisé que Paul Martin (c'est pour ça qu'il fallait voter pour lui, rappelez-vous !), qui a travaillé à la rédaction du Livre rouge pendant deux ans, n'ait pas su évaluer la gravité de cette situation ?

D'ailleurs, quand on relit le Livre rouge et les déclarations électorales des libéraux à la lumière du virage, on voit bien que ceux-ci s'étaient laissé toutes sortes d'échappatoires pour ensuite pouvoir se défendre d'avoir changer de cap. N'avaient-ils pas dit qu'ils « maîtriseraient les dépenses de l'État avec toute la rigueur qui s'impose » ? Qu'il fallait « repenser les dépenses publiques de santé » ? Qu'ils adopteraient des « formules plus volontaristes » en matière d'aide sociale ? Comment, vous ne l'avez pas lu ? Page 20, ligne 2, tant pis pour vous !

« Zero helicopters ! »

Les mensonges libéraux n'ont pas toujours été aussi subtils. L'un des thèmes les plus rentables de leur campagne fut la promesse de M. Chrétien d'annuler le contrat de 5 milliards accordé par les conservateurs pour l'acquisition de 50 hélicoptères militaires EH-101. M. Chrétien fut on ne peut plus clair : « Zero helicopters ! »

Or, qu'apprend-on deux ans plus tard ? Ottawa annonce l'achat de 15 hélicoptères de sauvetage, au coût de 600 millions de dollars. Le fédéral prévoit aussi faire l'acquisition de nouveaux hélicoptères de combat. Finalement, l'annulation du contrat des EH-101 aura coûté quelque 500 millions aux contribuables.

Des analystes ont souligné que les hélicoptères choisis par les libéraux coûtent beaucoup moins cher que les EH-101. Mais là n'est pas la question. En campagne électorale, M. Chrétien n'a pas dit : « Certes il faut de nouveaux hélicoptères, mais nous pensons qu'il faut acheter un modèle moins coûteux. » Il a dit : « Zero helicopters ! » Et le Livre rouge comptabilisait une économie de 5,8 milliards pour l'annulation du contrat des EH-101, ce qui laissait bel et bien croire qu'il n'y aurait pas d'autres acquisitions.

Le talon de Jean

On sait combien de millage les libéraux de Jean Chrétien ont fait en dénonçant la TPS à tour de bras. Ils promirent un temps de l'abolir. Mais à mesure que l'échéance électorale approchait, la promesse s'est faite plus floue. « Nous substituerons à la TPS un dispositif qui produira des recettes tout aussi élevées, qui sera plus juste à l'égard des consommateurs et des petites entreprises, qui sera moins un casse-tête pour les PME et qui encouragera les pouvoirs publics fédéraux et provinciaux à coopérer et à harmoniser leurs politiques fiscales », peut-on lire dans le Livre rouge.

Durant la campagne cependant, ni M. Chrétien ni ses candidats n'ont été aussi nuancés. Tout en prenant soin de dire que les revenus engendrés par la taxe devraient être remplacés, le chef libéral employait des mots très forts, s'engageant à « abolir » la taxe et à s'en « débarrasser ». Ces imprudences de langage, qui contredisaient l'essence même de la stratégie électorale du PLC, le hanteront jusqu'aux prochaines élections. « C'est notre talon d'Achille », a admis un stratège du parti.

Lorsque, en mai 1996, le gouvernement concède finalement que la taxe introduite par les conservateurs ne disparaîtra pas, les médias mettent la main sur une déclaration de Sheila Copps jurant qu'elle démissionnerait si la TPS n'était pas abolie. Devant la tempête soulevée par cette affaire, Mme Copps choisit d'abandonner son siège et de remettre son sort entre les mains des électeurs de sa circonscription. Un geste spectaculaire, mais qui ne comportait à peu près pas de risques compte tenu de la mainmise politique de la famille Copps sur la ville de Hamilton. Arrêtons-nous tout de même aux explications de la vice-première ministre, qui sont révélatrices de l'état d'esprit des politiciens.

À l'instar de son chef, Mme Copps s'est toujours présentée comme une politicienne particulièrement honnête, une valeur qu'elle a apprise de son père (politicien lui aussi), explique-t-elle dans son autobiographie : « L'honnêteté peut peut-être vous rendre impopulaire, mais mentir, obscurcir, cacher ou vous défiler vous fera plus de tort à long terme[3] ». Pourtant, quiconque a entendu un des discours à l'emporte-pièce de Mme Copps sait à quel point sa manière de tourner les coins rond, d'insinuer, d'accuser ses adversaires de tous les maux de la terre, sont des chefs-d'œuvre de démagogie.

Surprise en flagrant délit au sujet de la taxe sur les produits et services, Mme Copps a d'abord prétendu qu'il ne fallait pas prendre ce genre d'engagements au pied de la lettre, puisqu'ils avaient été prononcés en pleine fureur électorale. C'est une justification souvent employée par les politiciens, et qui n'a évidemment aucun sens : s'il y a un moment où chaque parole devrait être pesée et soupesée, c'est bien en campagne électorale !

En annonçant sa démission, Mme Copps a exprimé ses regrets. Pas d'avoir laissé croire aux électeurs que la TPS allait disparaître. D'avoir mis son siège en jeu : « Je ne crois pas que je mettrai jamais mon siège en jeu à nouveau si les électeurs sont assez généreux pour me faire confiance une nouvelle fois. » La députée continuera donc de mentir allégrement, mais sans commettre, dorénavant, l'imprudence de mettre sa tête sur le billot !

La décision de Mme Copps a eu l'effet de diversion souhaité, mais seulement durant quelques mois. La controverse a repris de plus belle lorsque le premier ministre, au cours d'une rencontre avec des citoyens organisée par le réseau de télévision CBC, a soutenu avec une certaine arrogance ne s'être jamais engagé à abolir la TPS.

---

3. Copps, S., *Nobody's Baby : A Survival Guide to Politics*. Deneau Publishers, 1986. p. 78.

« J'ai voté pour vous parce que vous aviez promis de supprimer la TPS, a dit à M. Chrétien une certaine Johanne Savoie, de Montréal.

— Avez-vous lu le Livre rouge à ce sujet-là ? a rétorqué le premier ministre. Ce n'est pas ce que nous avons dit dans le Livre rouge. Vous auriez dû le lire.

— Vous disiez dans tous vos discours que vous alliez supprimer la TPS.

— Nous avons toujours dit que nous allions harmoniser la taxe avec les gouvernements provinciaux et c'est ce que nous avons fait avec le Québec et les Maritimes. Nous n'avons jamais dit que nous allions la supprimer. Lisez le Livre rouge. C'était écrit très clairement.

— Ce que nous avons entendu durant la campagne, pour ceux d'entre nous qui n'avons pas lu le Livre rouge, c'est-à-dire la majorité d'entre nous, c'est que la TPS allait être supprimée.

— Non, non. Nous avons dit que nous allions harmoniser les taxes pour avoir un meilleur système, parce qu'il y avait dédoublement, que nous allions tenter de simplifier tout ça, mais nous n'avons jamais dit dans le Livre rouge, ou directement, que nous allions nous en débarrasser.

— Je n'ai pas entendu que vous alliez la simplifier, j'ai entendu que vous alliez vous en débarrasser.

— Qui a dit cela ?

— Vous, à la télévision et à la radio.

— Quand ?

— Durant la campagne. C'est ce que j'ai entendu. Peut-être qu'ils devraient sortir les enregistrements. »

C'est ce que fit la CBC, retraçant trois déclarations dans lesquelles M. Chrétien avait effectivement promis de se débarrasser de ce qu'il a appelé « la pire taxe de l'histoire canadienne ».

Durant cette période, la seule réponse du premier ministre à toutes les questions, accusations et critiques, a été de renvoyer les mécontents au Livre rouge. Ce qui illustre on ne peut mieux l'objectif que visaient les libéraux en le publiant : faire oublier le message subliminal auquel ils devaient leur élection en aiguillant l'attention de tous sur le contenu, ambigu à souhait, de leur programme électoral. Sauf que dans le cas de la TPS, le jupon dépassait. Les engagements pris en campagne électorale étaient trop clairs, les mots employés trop forts. Les libéraux avaient dérogé de leur « plan de match ».

En outre, même en prenant le texte du programme libéral comme critère, le gouvernement ne franchit pas la barre.

« Nous substituerons à la TPS… », dit le Livre rouge. La TPS demeure ; elle est simplement harmonisée avec la taxe de vente de certaines provinces.

« …un dispositif qui sera plus juste à l'égard des consommateurs et des petites entreprises. » Comment une taxe désormais cachée serait-elle plus juste ?

« …qui sera moins un casse-tête pour les PME… » Plusieurs estiment que l'harmonisation partielle, c'est-à-dire avec seulement certains des gouvernements provinciaux, complique davantage encore la tâche aux entreprises qui font affaire avec plus d'une région du pays.

Tentant de se sortir du bourbier où il était enfoncé, M. Chrétien a déploré que le gouvernement ait été victime d'une « confusion de communication ». En réalité, telle une araignée qui s'emberlificoterait dans sa propre toile, le gouvernement libéral a été victime de la confusion qu'il a lui-même créée, qui était le fondement même de sa stratégie.

« Le premier ministre ment[4] », a donc accusé le prestigieux *Globe & Mail* en éditorial. Un titre comme on en voit rarement. Cependant, ce même journal avait été moins prompt à dénoncer les autres mensonges libéraux, en matière de politique budgétaire particulièrement, parce que dans ces cas-là la tromperie faisait son affaire : « Oui, les libéraux ont conquis le pouvoir en usant de demi-vérités, mais une fois en poste ils ont mérité une bonne note[5]. »

Le *Globe* a demandé que M. Chrétien s'excuse d'avoir pris un engagement inconsidéré au sujet de la TPS : « Les Canadiens sont disposés à pardonner à un premier ministre qui brise une promesse ou deux. Ils ne pardonneront pas à un premier ministre qui les regarde droit dans les yeux et ment. »

Les commentaires de ce journal révèlent deux attitudes très répandues en ce qui a trait au mensonge en politique. Un : la plupart d'entre nous jugent du caractère répréhensible des mensonges selon que leurs conséquences leur agréent ou non. Or, selon la thèse développée ici, en

---

4. *The Globe and Mail*, 12 décembre 1996.

5. *Ibid.*, 28 octobre 1996.

démocratie les mensonges sont inadmissibles en eux-mêmes. Il n'y a pas de bonne raison de mentir.

Deuxième attitude commune : il y a mensonges et mensonges. Des promesses électorales non tenues, par exemple, ne sont pas nécessairement de « vrais » mensonges. Rien de plus normal que de ne pas respecter « une promesse ou deux ». Je prétends au contraire que prendre des engagements irresponsables pour ensuite les violer, *c'est* mentir. Droit dans les yeux. On ne devrait pas pardonner ces mensonges plus que les autres.

Enfin, la controverse de la TPS ne doit pas nous faire perdre de vue que *toute* la campagne électorale libérale était trompeuse. La TPS, c'est la règle qui confirme la règle. L'armure de cet Achille est pleine de trous.

La nouvelle politique de Kim

La campagne électorale fédérale de 1993 vit aussi naître, et s'effondrer presque aussitôt, la « nouvelle politique » sortie de la tête de Kim Campbell. La première ministre affirma qu'elle allait dire la vérité aux électeurs, aussi crue soit-elle. Pendant quelques jours, on fut porté à la croire. Ne lança-t-elle pas sa campagne en laissant tomber qu'une baisse importante du chômage avant l'an 2000 était peu probable ? En soutenant que le déficit du gouvernement fédéral devrait être éliminé avant qu'une reprise économique puisse se matérialiser ?

Cette franchise initiale lui valut beaucoup de critiques. On peut déplorer ici l'attitude des médias, qui interprétèrent parfois les propos de Mme Campbell de façon abusive. On peut s'interroger aussi sur l'attitude des électeurs qui, après avoir pressé les politiciens de faire preuve de plus d'honnêteté, ont préféré les mirages libéraux au pragmatisme conservateur. Mais la clé de l'échec de Mme Campbell réside ailleurs. L'étoile filante de la politique canadienne s'est désintégrée parce qu'il est rapidement apparu que sa nouvelle façon de faire de la politique n'était que fumisterie. Que derrière son prétendu réalisme se cachait un vide absolu, et que son attachement à la vérité était aussi creux que son programme électoral.

On put s'en rendre compte dans les minutes qui suivirent sa visite chez le gouverneur général. La réduction du déficit, soutenait Campbell, était la clé de la croissance économique. Les journalistes lui demandèrent si elle allait expliquer comment elle s'y prendrait pour atteindre son objectif; l'apôtre de la franchise et de l'ouverture expliqua qu'elle n'en avait pas l'intention! Lorsque, finalement, elle dévoila son plan, celui-ci était fondé sur des chiffres erronés. Il sautait aux yeux de quiconque qu'il avait été préparé en vitesse, sur le coin de la table, dans une tentative désespérée de sauver la face. Les conservateurs avaient tenté d'en passer une vite aux électeurs. Nouvelle politique, mon œil!

Interrogée, en cours de campagne, au sujet d'un document interne du gouvernement révélant l'existence d'un projet de réforme des programmes sociaux, la leader conservatrice préféra nier l'évidence: le gouvernement n'en avait jamais discuté. Or, on sait que quelques semaines auparavant le ministre Bernard Valcourt avait déposé au cabinet un document proposant justement une réforme des programmes sociaux[6].

Outre sa personnalité fantasque, c'est donc l'énorme fossé entre ce qu'elle avait promis (une nouvelle politique fondée sur l'ouverture, la franchise et le réalisme) et la marchandise qu'elle livrait qui causa la perte de Kim Campbell. Sous des apparences de nouveauté, la campagne du PC était tout ce qu'il y a de plus traditionnelle: une campagne d'images, sans contenu aucun[7]. Au cours d'une réunion des stratèges tories trois jours avant le déclenchement de l'élection, quelqu'un demanda: « Quel est le thème central de cette élection? » « La nouvelle politique », lui répondit-on. Mais quand le curieux tenta de savoir ce que cela voulait dire, personne ne sut lui répondre. La nouvelle politique n'était rien d'autre que de la frime[8].

---

6. McLaughlin, D., p. 135 et 207.

7. *Ibid.*, p. 142 ss, p. 286.

8. *Ibid.*, p. 289.

La brume péquiste

> Il n'est plus possible aujourd'hui d'acheter des votes
> avec des promesses en l'air. Il faut qu'un parti ait fait
> la preuve de son sérieux pour promettre quelque
> chose.
>
> René Lévesque

Que faisiez-vous le soir du débat des chefs précédant l'élection provinciale de 1994? Vous étiez assis devant votre télé, bien sûr. Vous vous rappelez sans doute du moment clé de l'affrontement entre Daniel Johnson et Jacques Parizeau. Un moment suscité par cette question du journaliste Stéphan Bureau : « Dans votre plateforme électorale, M. Parizeau, vous dénoncez comme "intolérable" le fait que 3 000 enfants soient en attente d'une opération à l'hôpital Sainte-Justine. Pouvez-vous, s'il vous plaît, pour les parents de ces enfants, nous dire très concrètement, j'insiste, très concrètement, ce que vous ferez à partir du 13 septembre si vous êtes élu pour régler le problème à Sainte-Justine?

• Placer les ressources là où on en a besoin. C'est certain qu'il faudra rationaliser, la situation budgétaire ne nous laisse pas le choix. Il devra y avoir de nouvelles compressions. Mais nous, nous pensons que, plutôt que de couper dans tout le système comme le font les libéraux, il est préférable de fermer certains hôpitaux, suivant un plan soigneusement établi, de façon à pouvoir concentrer nos ressources dans un nombre réduit d'établissements. À pouvoir dégager des sommes pour des services moins coûteux que les hôpitaux, les CLSC par exemple. Nous croyons que c'est une meilleure façon de maintenir des soins de santé de qualité. Peut-être cela nous permettra-t-il de régler le problème de Sainte-Justine, mais ce n'est pas certain ; chaque cas est particulier, et tous les hôpitaux ont des besoins pressants. Il faudra faire des choix difficiles. Mais nous nous serons au moins donné une marge de manœuvre pour les faire. »

Le président du Parti québécois avait vraiment fait preuve d'une franchise exemplaire, vous vous souvenez ? Non ?

Bien sûr que non, puisque ce n'est pas du tout comme ça que M. Parizeau a répondu à la question de Bureau. Sa réponse visait, au contraire, à laisser croire qu'il n'y aurait plus de compressions massives dans le système de santé, et que le problème de Sainte-Justine serait réglé en un tournemain : « Placer les ressources là où on en a besoin. Il y a quelque chose d'absurde dans le fait d'avoir des règlements de coupures aveugles. On ferme tant de lits, on arrête tel volume de soins dans tel hôpital ou à telle saison. C'est pas seulement une question d'une sorte d'équilibre aveugle du 13 milliards de dollars consacrés à la santé. On passe pas le rabot à travers ça ! Là où il y a un besoin d'urgence — parce que quand on a 3 000 opérations en retard, écoutez, c'est urgent, sur des enfants ! — on met des ressources là ! »

Passer le rabot ! N'est-ce pas exactement ce qu'a fait le gouvernement péquiste depuis son arrivée au pouvoir ? En plus de percer au vilebrequin quelques gros trous dans le système. M. Parizeau avait dénoncé les compressions « complètement aveugles » de 875 millions décidées par le gouvernement libéral. Depuis, le ministre Jean Rochon a annoncé des compressions de 1,2 milliard de dollars. Le budget du réseau de santé est même tombé sous les 13 milliards dont parlait M. Parizeau. Dans la seule région de Montréal, sept hôpitaux ont été fermés.

On peut croire que, comme le soutient Québec, la réforme en cours aboutira éventuellement à un système de soins plus efficace. Mais notre propos se situe à un autre niveau : rien dans le programme du PQ ne pouvait laisser présager un tel bouleversement du réseau de la santé. La plateforme péquiste ne mentionnait nulle part la nécessité de compressions, évoquant seulement la révision de « l'organisation des services de santé ultraspécialisés » et l'« accélération du virage ambulatoire » : « Il a été clairement établi que le Québec [...] consacre une part tout à fait raisonnable de sa richesse collective aux soins de santé », insistait-on. « Pour le Parti québécois, l'avenir de notre santé collective ne peut être marqué de listes d'attente, de tickets modérateurs, de désassurance, de coupures de service et d'abandon des plus vulnérables. » Pourtant, par quoi se caractérisent les dernières années, sinon par des listes d'attente, des coupures de service et l'abandon des plus vulnérables ?

À l'hôpital Notre-Dame, par exemple, les médecins ont dénoncé l'augmentation du nombre de patients en attente d'hospitalisation, dont plusieurs ont un diagnostic certain de cancer. « De toute évidence, écrivaient-ils, [les dernières compressions] ne feront qu'aggraver une situation déjà intolérable : augmentation des listes de patients en attente de traitements pour maladies cancéreuses et non cancéreuses, retard dans la mise en marche de traitements de chimiothérapie et de radiothérapie, retard de traitements chirurgicaux, notamment de cas complexes demandant des soins intensifs aigus ou intermédiaires, etc.[1] »

Pour ce qui est de Sainte-Justine, la liste d'attente évoquée avec tant d'émotion par M. Parizeau atteignait en juillet 1996 un record de 3 500 noms. Puis en novembre, le ministre Jean Rochon annonçait fièrement que cette liste ne comportait plus que… 3 000 noms !

À Montréal, la Régie régionale de la santé nous a inondés de chiffres tendant à démontrer que, malgré les fermetures, les malades de la région étaient mieux soignés qu'auparavant. « Les statistiques prouvent n'importe quoi… même la vérité[2] », disait le directeur général de la Régie, Marcel Villeneuve. Peut-être. Mais cette vérité statistique, les patients ne l'ont pas encore perçue dans les couloirs vert pâle des hôpitaux. Les urgences continuent de déborder, les plaintes suscitées par le virage ambulatoire et par le nouveau régime d'assurance-médicaments pullulent.

Ce n'est qu'à la lumière des décisions prises depuis l'élection du Parti québécois qu'on prend réellement conscience de ce que cachaient les brumeux engagements péquistes, quelles portes ouvraient MM. Rochon et Parizeau tout en faisant semblant de les fermer. Qui aurait pu penser que « mettre les ressources là où on en a besoin » signifiait comprimer les budgets du réseau encore plus radicalement que ne l'avaient fait les libéraux ?

---

1. *Le Devoir,* 15 janvier 1996.

2. Villeneuve, M., « L'atteinte d'un nouvel équilibre », 29 janvier 1997, p. 16.

La même façon de mentir

On le voit, au Canada, le mensonge fait partie des compétences concurrentes du gouvernement fédéral et des provinces. Au cours de la campagne électorale provinciale d'août-septembre 1994, le Parti québécois a tout simplement copié la stratégie d'ombres chinoises du Parti libéral fédéral de Jean Chrétien.

Les péquistes ont promis « une autre façon de gouverner ». Qu'est-ce que cela signifiait ? « Un gouvernement du Parti Québécois axera son action sur deux grandes priorités, affirmait le programme électoral du parti : une politique de plein-emploi et l'égalité des chances pour tous. » Une politique de plein-emploi ? « Une politique où l'action de l'État, sous toutes ses formes, est subordonnée à cette obsession de permettre à tous d'avoir accès à l'emploi [...] » L'égalité des chances ? « L'État a la responsabilité de maintenir et d'améliorer les protections sociales que les Québécois se sont données au fil des ans. »

Que s'est-il passé ? Comme les libéraux fédéraux, les péquistes ont tenu plusieurs de leurs engagements sectoriels, par exemple le plan pour l'aide à la création d'entreprises et la perception à la source des pensions alimentaires. Mais sur le plan des orientations fondamentales — celles qui lui ont valu son élection —, qui pourrait prétendre avec sérieux aujourd'hui que le gouvernement du Parti québécois a eu pour « obsession » la création d'emplois, ou qu'il a « amélioré les protections sociales » ? On nous promettait « une réponse à l'immobilisme et à la morosité d'un Québec abandonné devant la récession économique ». Or, à plusieurs, ce gouvernement a paru, justement, particulièrement immobile, paralysé durant toute la première année par l'échéance référendaire. Le politologue Daniel Latouche parlait, lui, d'une « demi-somnolence »...

Où est la politique de plein-emploi ? Comment concilier l'obsession de l'emploi avec les centaines de fermetures de postes qui ont résulté de la réforme du système de santé ? Obsédé par l'emploi ? Tellement qu'après le référendum le premier ministre Parizeau a abandonné le navire ! Et les emplois, M. Parizeau, ils ne vous obsèdent plus ?

Au chapitre des programmes sociaux, le PQ avait promis de réduire (très rapidement, avait dit M. Parizeau, « en tenant compte des capacités financières de l'État », précisait cependant le programme électoral) la pénalité de 104 $ par mois imposée aux prestataires d'assistance sociale qui partagent un logement avec quelqu'un d'autre. De façon plus générale, il affirmait qu'« il ne peut être question d'abandonner ou de sacrifier les plus démunis ». Or, cet abandon a été amorcé moins de un an après l'élection du gouvernement péquiste, quand la ministre de la Sécurité du revenu, Jeanne Blackburn, a annoncé des compressions de 180 millions à l'aide sociale. Compressions qui, contre toute logique, ont frappé les assistés sociaux qui participaient à des programmes d'accès à l'emploi ! Quant à la pénalité de 104 $, on attend toujours. Le projet de réforme de l'aide sociale déposé en décembre 1996 par la ministre Louise Harel ne comprend aucun engagement à l'égard de cette pénalité qui, selon ce que Mme Harel elle-même disait en 1990, « décourage l'entraide et appauvrit presque 100 000 ménages ».

La taxe sur la maladie

Souvenez-vous avec quelle vigueur les péquistes avaient dénoncé le ticket modérateur de 2 $ par ordonnance imposé aux personnes âgées par le gouvernement de Robert Bourassa. « Le recours au ticket modérateur, véritable taxe sur la maladie et la détresse, doit être rejeté », lançait avec indignation le programme électoral du PQ. Qui aurait cru que, sous le couvert d'un programme social prétendument généreux — l'assurance-médicament —, le ticket modérateur imposé aux personnes du troisième âge obligerait ces dernières à débourser 25 % du coût de leurs médicaments. Plus la prime de 175 $. Une addition pouvant atteindre 925 $ par an pour un vieillard disposant d'un revenu mirobolant de 14 775 $ (ou plus).

Selon les calculs du Protecteur du citoyen, « les économies projetées sont demandées, dans une très forte proportion, aux personnes économiquement défavorisées ». « C'est pas les plus riches qui sont touchés, c'est certain, admet aujourd'hui M. Rochon. Mais dans le contexte actuel, on doit resserrer les budgets. » Ne croirait-on pas entendre un ministre libéral ?

On a la même impression lorsqu'on lit les crédits 1996-1997 du gouvernement péquiste, œuvre du président du Conseil du Trésor Jacques Léonard. M. Léonard se pète les bretelles parce qu'il annonce « un effort budgétaire sans précédent de 2,2 milliards ». « Tout retard nous entraînerait dans un glissement budgétaire mettant en péril notre cohésion sociale », avertit-il.

« Si rien n'est fait pour corriger le déséquilibre actuel entre les revenus et les dépenses, le déficit atteindra un niveau intolérable qui ne pourra être rectifié sans remettre en cause les services de base. » Cette dernière citation, si semblable à la précédente, provient des crédits de 1993-1994 présentés par... Daniel Johnson. À l'époque président du Conseil du Trésor du gouvernement Bourassa, M. Johnson se vantait d'introduire « la hausse des dépenses la plus faible en 20 ans ». Il parlait aussi de la nécessité de « recentrer l'action de l'État sur les missions de base ». Trois ans plus tard, M. Léonard s'étend sur le besoin de... « recentrer le rôle de l'État ».

Rouge bonnet, bonnet rouge.

Exit Parizeau, voici Lucien !

Certes, bien des choses ont changé depuis l'élection du PQ le 12 septembre 1994. Le départ de Jacques Parizeau et l'arrivée triomphale de Lucien Bouchard ont, d'une certaine façon, joué pour les péquistes le même rôle dédouanant que le tour de passe-passe de Sheila Copps pour les libéraux fédéraux. Parizeau parti, les péquistes ont pu plus facilement faire croire (et se faire croire) que leurs engagements électoraux n'étaient plus pertinents. Et Lucien Bouchard a eu beau jeu d'amener le Québec sur l'autoroute du déficit zéro, une autoroute pour laquelle le peuple — le peuple, vous vous rappelez ? — ne lui a jamais donné de mandat.

Les militants moins dociles accusent leur chef de renier l'héritage de l'ancien député de L'Assomption. « Je m'ennuie de M. Parizeau, disait un membre du Parti québécois au congrès de novembre dernier. C'est quelqu'un qui était plus proche de la social-démocratie, et moi, des fois, j'ai l'impression que je suis en train de perdre mon parti[3]. » Mais cette dame se trompe. En accusant aujourd'hui son successeur de « vouloir en faire trop[4] », M. Parizeau lui-même semble avoir oublié que, dans les dernières semaines de son règne, il avait commandé des compressions radicales et annoncé « des sacrifices extrêmement douloureux[5] ».

---

3. *Dimanche Magazine*, Radio-Canada, 24 novembre 1996.

4. Parizeau, J., « Qui sommes-nous ? Où allons-nous ? », *Le Devoir*, 30 octobre 1996.

5. *Le Soleil*, 25 novembre 1995.

D'ailleurs, le mécontentement des militants a commencé de se manifester avant l'arrivée de M. Bouchard. « C'est la façon de faire qui, dans le fond, est restée une façon très classique », déplorait le député de Borduas, Jean-Pierre Charbonneau, en décembre 1995. « Il faut réfléchir à ce que sont nos priorités idéologiques. On a un programme politique, on a des engagements électoraux. Est-ce que l'on est capable de les maintenir ? Est-ce que certains doivent être mis de côté et, si oui, sur la base de quel principe ? »

Lire un budget de Bernard Landry, c'est lire un budget de Paul Martin, c'est lire un budget de Michael Wilson. Tout, même la social-démocratie, passe par la réduction du déficit, nous enseigne aujourd'hui le ministre des Finances du Québec. D'où des coupes massives, notamment dans la santé et dans l'éducation (cette dernière pourtant désignée dans le programme électoral du PQ comme « la priorité fondamentale, celle qui est à la base du succès de toute politique de développement, qu'il s'agisse du développement économique, social ou culturel »). D'où un retrait de l'État qui se traduira, dixit le président du Conseil du Trésor, par « quelques milliers » de chômeurs de plus. Et le plein-emploi ?

En outre, la démission de M. Parizeau jette un éclairage particulier sur les propos qu'il tenait en campagne électorale. « Un nouveau gouvernement d'abord, la souveraineté ensuite », clamait-il. La première priorité « sera de relancer l'économie du Québec ». Et encore : « Le véritable enjeu de cette élection, c'est de se donner un vrai gouvernement capable de sortir le Québec du marasme. » La souveraineté était si peu l'enjeu des élections que les stratèges péquistes demandèrent aux candidats de ne pas entrer dans les détails au cours de la campagne. « Nous vous suggérons fortement de ne pas commenter cet élément ou toute autre partie du programme du Parti sur la démarche [d'accession à la souveraineté] », disait une note interne remise à tous les candidats péquistes. Clair comme de l'eau de roche. Cela n'a pas empêché un porte-parole péquiste de déclarer aux journalistes — sans rire ! — qu'il était « abusif » de soutenir que les candidats ont eu « comme directive de ne pas parler de souveraineté ».

Pour Jacques Parizeau donc, la priorité, c'était de « sortir le Québec du marasme ». On s'étonne qu'une fois le référendum passé il ait préféré se retirer dans ses terres plutôt que de se consacrer au « véritable enjeu »…

L'explication la plus franche de la violation flagrante des promesses électorales péquistes nous a été donnée par M. Landry au cours du congrès du parti à la fin de 1996 : « Il y a deux ans, a-t-il dit, nous étions dans l'opposition, nous avions un rôle. Maintenant nous avons un autre rôle, qui est plus lourd. » Tout est là.

L'astuce

> Il ne semble pas y avoir de solution de rechange à la
> malhonnêteté.
>
> L'ancien ministre conservateur John Crosbie

« Ce n'est pas une astuce, André ! »

C'est fou ce que le directeur des communications du premier ministre du Canada, Peter Donolo, avait l'air sincère.

« Aye !

— Ce n'est pas une astuce, je te jure !

— Disons que c'est de la politique…

— C'est ça, c'est de la politique. »

Le 24 octobre 1996, le cirque politico-journalistique se retrouve au Centre des congrès d'Ottawa Convention Center pour le lancement d'un second livre rouge. Comme son ancêtre, ce « Bilan des réalisations » du gouvernement libéral est fouillé, détaillé, et de présentation soignée.

La salle de presse est plus calme que trois ans auparavant. C'est que les journalistes sont plongés dans les deux ouvrages, occupés à calculer si vraiment, comme ils le prétendent, les libéraux ont tenu 78 % de leurs engagements électoraux. L'opération n'est pas simple. « La protection de l'environnement sera la pierre angulaire de la politique étrangère libérale », disait le Livre rouge. Le Bilan a-t-il raison de cocher cette promesse comme remplie ? « Un gouvernement libéral avancera des dates mettant fin à la production et à l'utilisation des HCFC. » Tenue ou non ?

Autant que le Livre rouge original, ce Bilan est un coup de maître. Il n'y a qu'à voir les journalistes barboter au milieu de ces 197 engagements, de ces dizaines de pages de boniments, de crochets noirs sur fond blanc (engagement réalisé), sur fond gris foncé (en cours de réalisation), ou sur fond gris pâle (respecté, mais à moins de 75 %)... Il n'y a qu'à nous voir noyés dans les détails pour comprendre que Jean Chrétien a réussi à noyer le poisson. Donolo est trop modeste : c'est l'une des plus belles astuces politiques qu'il nous ait été donné de voir ces dernières années.

Que les libéraux aient respecté la grande majorité des engagements contenus dans le Livre rouge, cela ne fait aucun doute. C'était la raison d'être du Livre rouge : offrir une longue liste de promesses vagues, peu coûteuses, peu controversées, faciles à remplir. Des promesses qui n'ont pas pesé dans leur accession au pouvoir. « Un gouvernement libéral mettra sur pied un conseil national de lutte contre la délinquance », « Un gouvernement libéral collaborera avec les provinces à la création de polices socio-préventives », « Nous collaborerons avec les institutions financières et les petites entreprises à la mise en place de programmes qui mettront des capitaux à la disposition des PME » : l'essentiel des 197 engagements du Livre rouge sont de cet ordre. Des propositions si peu controversées que n'importe lequel des autres partis, eût-il été porté au pouvoir, aurait probablement adopté des mesures semblables. Et pu se décerner une note de 78 % !

Le bilan qu'il faut dresser, c'est celui des engagements qui ont distingué les libéraux des autres partis aux dernières élections. Des engagements sur lesquels les Canadiens ont fondé leur choix le 25 octobre 1993. C'est-à-dire, en gros : priorité à l'emploi plutôt qu'à la lutte au déficit, protection des programmes sociaux, abolition de la TPS, intégrité politique. Or, de ce point de vue, on ne peut accorder aux libéraux une note supérieure à 25 %, si l'on admet que la présente administration a été moins touchée par les scandales que la précédente.

On l'a vu, les trois autres grands engagements furent exprimés très clairement au cours de la campagne électorale, mais de façon on ne peut plus floue dans le Livre rouge. De sorte que le Bilan permet aux libéraux de prétendre que leur promesse à l'égard de la TPS est en voie de réalisation, et que celles concernant les emplois et les programmes sociaux ont bel et bien été tenues. « Il y a une différence entre les paroles et les écrits », soulignait un des auteurs du Livre rouge lors du lancement du

Bilan. Une petite phrase lourde de sens. Dans les campagnes électorales modernes, ce sont les paroles, et surtout le message subliminal produit par les stratèges, qui comptent. En publiant un volumineux bilan, les libéraux ont réussi — du moins temporairement — à recentrer toute l'attention sur le Livre rouge. Sur la forêt plutôt que sur les quelques arbres qui comptent.

Toutefois, le gouvernement Chrétien a tellement dévié de la route qu'il nous avait vantée que même le langage fumeux du Livre rouge ne lui permet de s'attribuer une bonne note qu'en étirant au maximum l'élastique de notre crédulité. Le Bilan soutient par exemple que, comme le promettait le Livre rouge, le gouvernement libéral a « continué à financer utilement la santé ». Les paragraphes explicatifs passent sous silence les compressions massives des transferts aux provinces annoncées dans le budget de 1995. Le Livre rouge II nous apprend même que « les Canadiens ont confié [à Jean Chrétien] la tâche de faire des compressions budgétaires » (quand ça ?) et que ces compressions ont été dosées « pour ne pas exclure les démunis et protéger nos programmes sociaux » (ah! oui ?).

« Comment pouvez-vous prétendre que votre promesse concernant la TPS est en voie de réalisation alors que le Livre rouge parlait de "substituer" cette taxe ? » a demandé un reporter aux porte-parole du gouvernement.

— C'est une nouvelle taxe puisqu'elle s'appelle maintenant la « taxe de vente harmonisée », a répondu une adjointe du ministre Martin. Laquelle n'a pu réprimer un sourire.

Pourquoi changer de recette ?

Au cours de la prochaine campagne électorale, le Bilan jouera le même rôle que le Livre rouge joua pendant la campagne de 1993. De tribune en tribune Jean Chrétien brandira le document de 136 pages à bout de bras en clamant : « Que voulez-vous, à ce moment-ici, on a rempli 78 % de nos engagements ! »

Nous avons eu un avant-goût des futurs discours électoraux de M. Chrétien à l'occasion du congrès de son parti à Ottawa, en octobre 1996. « Les électeurs canadiens sont des grandes personnes, a-t-il dit. Ils n'ont pas besoin qu'on leur dore la pilule de la vérité. Ce n'est pas mon genre, ce n'est pas le genre de mon gouvernement, ce n'est pas le style de notre parti. » C'est pourtant précisément à leur habileté à dorer la pilule que les libéraux doivent leur élection de 1993.

« Ce sera notre plus grande réalisation si les générations futures voient dans ce Livre rouge le moment où le cynisme a commencé à diminuer, où les Canadiens ont recommencé à croire en leurs institutions », a poursuivi M. Chrétien.

Au moment où le chef libéral prononçait ces paroles, il paraissait possible en effet que la stratégie du Livre rouge puisse berner non seulement les électeurs canadiens d'aujourd'hui, mais aussi les « générations futures ». Cependant, la controverse qui a éclaté quelques semaines plus tard au sujet de la TPS semble mettre le chef-d'œuvre en péril. La brèche est ouverte, et nul doute que les partis d'opposition en profiteront. Reste à savoir combien d'électeurs canadiens voudront punir les libéraux en les remplaçant… par une nouvelle équipe de menteurs.

Chiffres trompeurs

La note que s'attribuent les libéraux — 78 % — n'a rien d'exceptionnel. Plusieurs études récentes ont démontré que les partis politiques occidentaux respectent une forte proportion — plus de 70 % — de leurs promesses électorales. Après avoir analysé de façon détaillée le discours électoral du Parti conservateur en 1984 et les actes du gouvernement de Brian Mulroney, le politologue Denis Monière, de l'Université de Montréal, est arrivé à une proportion semblable : « Il semble donc justifié de conclure qu'on peut faire confiance au discours électoral de l'homme politique qui, une fois élu, respecte la plupart de ses engagements électoraux. Il traduit son mandat électoral en programme législatif[1]. »

Le commun des mortels reste incrédule devant de tels résultats. Pourtant, les chiffres sont là ! Le cynisme de l'électorat serait-il injustifié ? Les chiffres sont là, certes, mais ils sont trompeurs. Les méthodes mathématiques des politologues ont le défaut de conférer le même poids à toutes les promesses. Donc d'accorder autant d'importance aux pelletées de promesses insignifiantes, dont les partis truffent leurs programmes, qu'aux quelques engagements qui les différencient. De plus,

1. Monière, p. 190.

ces calculs oublient de prendre en considération les images, le mirage vendu par chacune des formations. Or ce sont ces engagements et ces images qui déterminent le choix des électeurs.

Ainsi, l'analyse de Monière attribue le même poids à des engagements pointus des conservateurs de M. Mulroney — dont la majorité des électeurs n'avaient probablement jamais entendu parler — qu'à celui de mettre un terme au favoritisme, qui fut le thème principal de la campagne tory. « Jamais, jamais cela ne se reproduira sous un gouvernement conservateur », jura Brian Mulroney au sujet des nominations partisanes des libéraux. Sa prise de position à ce sujet durant le débat des chefs constitua un tournant de la campagne de 1984. On sait ce qu'il en advint durant les années où M. Mulroney était au pouvoir.

En outre, par définition, les promesses que les partis font miroiter aux yeux des électeurs sont souvent floues, et par conséquent leur réalisation éventuelle est difficilement mesurable. Que l'on prenne la TPS et les programmes sociaux pour les libéraux de Jean Chrétien, par exemple, ou l'assistance sociale et la santé pour les péquistes, le fossé était considérable entre la campagne subliminale et le libellé du programme électoral. Lequel des deux devrait-on considérer dans un calcul de fiabilité ?

« La plupart des analystes, résume Monière après avoir fait état des diverses recherches sur la question, s'entendent pour dire que les partis politiques ont intérêt à être fiables s'ils veulent être réélus et qu'ils le sont effectivement car, en dernière instance, ils sont contrôlés par l'électeur, qui a le dernier mot[2]. » Certes, les politiciens ne peuvent pas mentir tout le temps, violer tous leurs engagements, sans quoi ils s'exposent à la colère des électeurs. Il s'agit de dire assez souvent la vérité pour que les mensonges clés soient crédibles.

La thèse du syndrome de Pinocchio ne suppose d'ailleurs pas que les politiciens mentent sans arrêt. Seulement que, lorsqu'ils se trouvent devant le dilemme suivant : mentir ou dire la vérité et risquer de perdre des votes — ils choisissent systématiquement le mensonge. De leur point de vue, la vérité et le mensonge sont moralement équivalents. Tout ce qui compte, c'est l'efficacité stratégique : lequel, du mensonge ou de la vérité, sera politiquement le plus rentable.

---

2. Monière, p. 193.

Le placebo

> Les politiciens ont peur de faire face aux questions difficiles, ou même d'en parler. Ils ne s'en tirent que trop bien grâce au statu quo.
>
> Mike Harris, premier ministre de l'Ontario

Les optimistes verront dans le comportement de politiciens tels Ralph Klein en Alberta et Mike Harris en Ontario la preuve que la classe politique a enfin compris le message, que certains hommes politiques sont prêts à dire ce qu'ils pensent et à faire ce qu'ils disent. Peut-être est-ce le cas. Mais méfions-nous de l'effet déformant de la distance. A beau mentir qui vient de loin.

D'ailleurs, même de loin, il est évident que les compressions annoncées par le gouvernement Harris sont beaucoup plus douloureuses que ce que le chef conservateur avait laissé croire en campagne électorale et dans son programme. Qu'il suffise de rappeler que M. Harris avait déclaré à maintes reprises que « pas un sou ne sera coupé des dépenses de santé ». « Nous ne réduirons pas les dépenses de santé. Franchement, c'est beaucoup trop important », pouvait-on lire, noir sur blanc et souligné, dans *La Révolution du bon sens*. Cela n'a pas empêché le ministre des Finances d'annoncer, en novembre 1995, des compressions de 1,3 milliard sur trois ans dans les fonds destinés aux hôpitaux. Certes, une partie de ces sommes a été réinvestie ailleurs dans le système de santé, mais le compte n'y est pas. (Devant un comité de l'Assemblée législative le 2 octobre 1996, le ministre ontarien de la Santé a énuméré toutes les nouvelles dépenses consenties par son ministère pour les deux ou trois années suivantes ; cela faisait un total de 427 millions…)

En outre, plusieurs observateurs estiment que, pour éliminer le déficit en cinq ans tout en réduisant le taux d'imposition de 30 %, le premier ministre devra effectuer des compressions dépassant de loin les 8,7 milliards déjà annoncés. Ce déséquilibre dans les chiffres des conservateurs a été maintes fois souligné durant la campagne électorale par des analystes sceptiques. Mais les bleus ontariens ont maintenu dur comme fer que leurs données étaient réalistes. « C'est un plan solide basé sur quatre ans d'étude, d'analyse et de consultations […] Notre plan fonctionnera. » Nous verrons…

Malgré l'admiration que suscitent MM. Klein et Harris partout au Canada, il semble que leur franchise ne soit que partielle. Certes, ils disent aux électeurs qu'ils vont comprimer les dépenses. Mais en même temps ils leur font croire que les honnêtes citoyens ne seront pas personnellement touchés, que seuls les fonctionnaires et les parasites écoperont. On n'a qu'à écouter les plaintes qui nous arrivent des hôpitaux albertains — le budget de la santé en Alberta est passé de 4,1 milliards à 3,7 milliards en trois ans — pour comprendre que cela est faux. Que tous les citoyens subissent les conséquences de ces compressions, des plus jeunes élèves aux plus vieux malades.

Et leur politique s'appuie sur un autre mensonge grossier, de plus en plus populaire parmi nos élus : le prétendu gel, voire la diminution des impôts. Or ce gel n'est possible qu'en vertu du pelletage des responsabilités des échelons de gouvernement supérieurs aux échelons inférieurs, de même qu'à la prolifération de frais aux usagers. Les contribuables ont l'impression de payer moins d'impôts parce que ceux-ci sont désormais éparpillés, fragmentés en impôts fonciers, péages, frais modérateurs, frais d'adhésion, frais administratifs et prix d'entrée.

Ainsi, le gigantesque transfert de responsabilités vers les municipalités annoncé par le gouvernement ontarien au début de 1997 semble viser, plus que toute autre chose, à délester la province des boulets financiers et politiques que sont l'aide sociale, les HLM et les soins aux personnes âgées. Alors même que le programme électoral des conservateurs de M. Harris promettait de mettre un terme aux « transferts injustes par le gouvernement provincial » ! Aux villes désormais de porter l'odieux soit d'augmenter les impôts, soit de diminuer les services offerts aux démunis. Et ce gouvernement se prétend courageux...

« Avec ce programme, il n'y aura PAS de nouveaux frais d'utilisation » dans la santé, affirmait aussi *La Révolution du bon sens*, majuscules comprises. Quelques mois après les élections, le ministre des Finances Ernie Eves annonçait que les personnes âgées et les assistés sociaux devraient payer un nouveau ticket modérateur allant de 2 $ à 6,11 $ par ordonnance.

La prétendue franchise des politiciens populistes apparaît donc de plus en plus sous son vrai visage, celui d'un simple outil de marketing. Or le marketing ne peut faire longtemps bon ménage avec la franchise. L'un des deux — nous savons lequel — devra bientôt plier bagage.

Des consultations Tupperware

Parlons un peu plus de M. Klein. Durant sa campagne électorale de 1993, ce n'est pas tellement son programme qui fut vendu à l'électorat, mais l'homme lui-même. Le slogan des conservateurs albertains était : « He cares, he listens » (« Il comprend, il écoute »). De fait, plusieurs consultations ont été tenues, permettant au gouvernement d'affirmer que ses politiques découlaient de la volonté populaire. Mais la représentativité des personnes invitées à participer à ces exercices a été sérieusement mise en doute, de même que la façon dont le gouvernement en a dégagé des supposés consensus[1].

Avec l'échec de l'accord du lac Meech, les gouvernements ont appris que le peuple voulait avoir son mot à dire. Cependant les happenings qui en ont résulté, ceux de Klein comme ceux de Joe Clark avant l'entente de Charlottetown et ceux de Paul Martin avant son premier budget, sont des artifices. Il ne s'agit pas plus de véritables consultations que les *parties* Tupperware ne sont de vrais *parties*. Les politiciens ne sont pas là pour écouter mais pour vendre.

Au mieux, ces grands pow-wow donnent aux acteurs qui ont du pouvoir — politiciens, gens d'affaires, leaders syndicaux — une occasion de se rencontrer en privé, dans les suites d'hôtel, pour faire exactement ce qu'ils ont toujours fait : négocier en secret. Sans tenir aucun

---

1. Lisac, M., p. 142 et suivantes.

compte du théâtre qui se joue pendant ce temps devant les caméras de télévision. La conversion des politiciens à la consultation est donc tout aussi factice que leur conversion à la vérité.

À l'occasion du budget provincial présenté en février 1996, Ralph Klein a annoncé la tenue d'une nouvelle consultation, encore plus artificielle que les précédentes. Chaque contribuable albertain allait recevoir par la poste un questionnaire lui demandant ce que le gouvernement devait faire avec les surplus budgétaires prévus : réduire les impôts ou réinvestir dans les services publics. Les médias n'ont pas mis de temps à démasquer la stratégie de « Ralph » : totalement inutile, cette pseudo-consultation allait surtout permettre au gouvernement de faire mousser, aux frais de l'État, la réussite de sa stratégie financière et de faire miroiter aux contribuables des réductions de taxe commençant comme par hasard… après les prochaines élections ! « Je ne dirais pas qu'il s'agit d'une carotte préélectorale », a dit M. Klein. La franchise a des limites…

Le gouvernement de l'Alberta pavoise aujourd'hui parce qu'il peut annoncer, pour 1996-1997, un surplus budgétaire de 1,7 milliard. Cette extraordinaire performance financière s'explique essentiellement par le fait que le ministre des Finances a sous-estimé dans chacun de ses budgets les redevances qu'il allait tirer du pétrole. Se fondant sur des prévisions de revenus particulièrement prudentes, le gouvernement a comprimé ses dépenses plus que nécessaire. « Rétrospectivement, écrit le columnist du *Calgary Herald*, Don Martin, on peut seulement conclure que le gouvernement a mené à bien son exercice de compressions budgétaires en créant une atmosphère artificielle de crise fiscale. Quoi qu'on pense de l'honnêteté d'une telle stratégie, elle a fonctionné comme un rêve[2]. »

Un rêve ? Pas pour ceux qui ont subi les compressions, bien sûr. « Nous avons traversé l'enfer pour faire ces compressions, était-ce nécessaire ? » se demandait un médecin d'Edmonton, rappelant que des centaines de lits avaient été supprimés et des milliers d'emplois perdus. C'est pour le gouvernement de Klein que la stratégie a fonctionné comme un rêve. Car, à la veille du scrutin, il s'est retrouvé en position de réinjecter des centaines de millions dans les programmes qu'il avait

---

2. *Calgary Herald,* 23 février 1996.

charcutés pendant trois ans. Klein en est donc revenu à l'arme électorale la plus ancienne de toutes : les bonbons.

Cela étant dit, force est d'admettre que MM. Harris et Klein ont adopté une attitude plus franche que d'autres. Et que, si l'on en croit les sondages, cela leur a été très profitable. Le vrai test viendra, cependant, lorsque les héros de l'heure devront faire face à des choix plus difficiles. À des circonstances où leur vérité ne sera plus populaire. Parions que, lorsque leur cote de popularité baissera, le mensonge reprendra ses droits.

Presto, Preston se transforme en politicien

Rares sont les politiciens qui, à leurs débuts, ne se drapent pas dans la toge immaculée de l'intégrité. Chaque époque a vu un nouveau parti promettre franchise et honnêteté… pour se retrouver quelques années plus tard tout aussi corrompu que ses prédécesseurs. N'est-ce pas en dénonçant la corruption du régime Taschereau que Maurice Duplessis remporta ses premières élections ? Duplessis !

Un exemple récent de cette récurrente corruption des idéaux nous est donné par la trajectoire erratique du Parti réformiste de Preston Manning. Encore loin du pouvoir, ce parti a déjà trahi l'essentiel des principes qu'il se targue de défendre. À commencer par la frugalité. Une fois élu aux Communes, M. Manning avait fait tout un plat médiatique de sa décision de ne pas utiliser la limousine que l'État lui offrait. Quelle abnégation ! Le chef réformiste avait pris bien soin de ne rien dire de l'entente conclue avec son parti, entente qui lui permettait de jouir… de l'usage d'une voiture ! Comme l'a dit M. Manning lui-même, il existe différents degrés de franchise.

Le Reform continue de réclamer l'assouplissement de la discipline de parti, de soutenir que le député devrait être redevable à sa circonscription avant de l'être à son parti et que le programme d'une formation politique devrait venir de la base plutôt qu'être imposé par le chef. Pourtant, le parti s'est révélé extrêmement centralisé, le chef décidant de tout et ne tolérant aucune dissidence. Plusieurs militants se sont plaints des interventions du leader dans des décisions qui, en théorie, relèvent uniquement des autorités locales, notamment le choix des candidats. Les pauvres ! Avec le temps, ils apprendront à faire comme les membres des vieux partis. À prendre leur trou.

En mai 1996, M. Manning expulsait trois députés du caucus. Deux d'entre eux avaient tenu des propos injurieux à l'égard des homosexuels. Un point de vue qui reflète probablement celui de plusieurs membres. M. Manning jugea cependant qu'il devait y avoir des limites au pouvoir de la base. Fort bien. La troisième députée, Jan Brown, avait osé critiquer ses deux collègues et avait déploré la présence de tels extrémistes au sein du caucus réformiste. M. Manning lui montra la porte. D'où l'on doit comprendre qu'au sein du Reform, il est non seulement interdit d'exprimer un point de vue extrémiste, mais il est également défendu de critiquer ceux qui expriment un tel point de vue !

À la suite de cet incident, le chef a envoyé à ses députés une note aux relents totalitaires, une lettre qu'il se serait sans doute empressé de dénoncer avec toute la puissance de sa voix nasillarde si elle avait été rédigée par le chef d'un autre parti. S'exposera à l'expulsion, annonçait-il, tout député qui « agit ou parle de façon à nuire à l'intérêt ou à la réputation du caucus et à sa capacité d'agir au service du Canada ». Assouplie, la discipline de parti ?

Relatant d'autres incidents du genre, le sociologue Trevor Harrison conclut, dans son histoire du Reform, que « Manning prône la démocratie directe non pas comme principe en soi, mais plutôt comme moyen de légitimer les décisions de la direction du parti, et donc de prévenir la dissidence[3]. »

Les velléités démocratiques du Reform Party ne sont donc rien d'autre que des appâts, appâts auxquels plusieurs milliers de poissons ont mordu avec gourmandise… pour ensuite se rendre compte qu'il leur était interdit d'agiter la queue !

---

3. Harrison, p. 219.

Portrait de famille
(Le référendum de 1995)

Ne croyez rien, ou presque rien, de ce que vous lisez
à propos de l'Espagne républicaine. Toute la littérature, d'où qu'elle vienne, n'est que de la propagande de parti, autrement dit des mensonges.

George Orwell, au sujet de la guerre
civile espagnole (1936-1939)

« Ne croyez rien, ou presque rien, de ce que vous lisez à propos du débat constitutionnel québécois. Toute la littérature, d'où qu'elle vienne, n'est que de la propagande de parti, autrement dit des mensonges. »

Voilà, il me semble, ce qu'Orwell aurait écrit s'il avait visité le Québec au cours de la dernière campagne référendaire.

On souhaiterait que, quand l'enjeu est aussi considérable que l'avenir d'un pays, les politiciens fassent au moins un petit effort pour expliquer franchement leur point de vue. Malheureusement, c'est le contraire qui se produit : plus l'heure est grave, plus ils mentent. Ainsi, presque chaque jour de la campagne de 1995 a apporté un nouvel exemple de supercherie publique. L'excitation leur ayant fait perdre les pédales de la bicyclette morale, les politiciens n'ont eu aucun scrupule à recourir à l'arsenal complet du mensonge.

Le combat terminé, il faut avoir le courage — malgré l'ennui, malgré l'écœurement — de se rendre sur le champ de bataille. Cette macabre promenade nous permettra de reconstituer la panoplie de la tromperie. Une sorte de portrait de famille grâce auquel nous, les civils, serons mieux armés… la prochaine fois.

L'impressionnisme

À deux semaines du référendum, le ministre fédéral des Finances, Paul Martin, déclare dans un discours à Québec que la souveraineté menace près de un million d'emplois au Québec. C'est-à-dire TOUS les emplois dépendant directement des exportations québécoises vers le Canada et les États-Unis. « Je ne dis pas que ces emplois vont tous disparaître, s'empresse-t-il de préciser, mais ils sont menacés. »

C'est vrai, M. Martin n'a pas dit qu'un million d'emplois allaient disparaître, une prévision insensée, car elle signifierait qu'un Québec souverain cesserait d'exporter vers le reste de l'Amérique du Nord. Il a seulement dit que ces emplois étaient *menacés,* et donc, si l'on prend ses propos au pied de la lettre, le ministre n'a pas menti. Mais nul doute qu'en lançant cette statistique, l'impression qu'il voulait laisser, le gros chiffre rond qu'il souhaitait voir se graver dans la tête des électeurs québécois, c'était un million. Un million d'emplois perdus ! Créer sciemment une fausse impression, n'est-ce pas mentir ? Comme le font les politiciens modernes, le ministre s'était laissé une porte de sortie, une nuance, un flou. Mais cette fois-ci, le mensonge était tellement gros qu'il est resté coincé dans la porte.

Une publicité du camp du OUI recourait au même genre de ruse. La page était divisée en deux : d'un côté les conséquences d'un NON, de l'autre celles d'un OUI. En votant NON, soutenait cette publicité, les Québécois subiraient « les plus grandes coupures budgétaires fédérales de l'histoire ». Par contre, un OUI leur permettrait de « récupérer les 28 milliards de dollars de nos impôts et de nos taxes versés à Ottawa ». On voit tout de suite que l'équation était fausse. Car le Québec souverain aurait hérité, en même temps que des revenus, de sa part de la dette fédérale, dette qui est justement à l'origine des « plus importantes coupures budgétaires de l'histoire ». Inévitablement, le Québec souverain aurait dû se soumettre aux mêmes pressions, et se livrer comme le Canada à d'importantes compressions. Peut-être pas tout à fait les mêmes, peut-être pas tout à fait de la même façon, mais compressions massives il y aurait eu. La publicité du OUI laissait croire le contraire. Elle était donc mensongère, même si ses auteurs pourront toujours prétendre — et c'est la beauté de l'impressionnisme politique — qu'ils n'ont rien dit qui soit faux.

La cachotterie

L'omission et la cachotterie comptent parmi les formes les plus anciennes de mensonges politiques. En ce mois d'octobre 1995, nous avons pu en admirer de superbes spécimens, le plus éloquent étant la tentative du gouvernement péquiste de garder sous la couverture les études sur la souveraineté dont les résultats ne lui convenaient pas.

Il faut rappeler les faits. Malgré toutes sortes de précautions, certains des travaux commandés à l'INRS-Urbanisation aboutissent à des conclusions qui ne plaisent pas au camp du OUI. Le ministère de M. Le Hir pousse les chercheurs coupables dans leurs derniers retranchements : ou bien ils modifient les conclusions de leurs études, ou bien ils se résignent à ce qu'elles ne soient pas publiées par le gouvernement. Les universitaires refusent de dénaturer leurs travaux.

Le public n'est au courant de rien jusqu'à ce qu'il apprenne qu'une étude, celle de Georges Mathews, a été bloquée par l'INRS pour des raisons méthodologiques. M. Mathews n'est pas content et le fait savoir. L'opposition accuse le gouvernement de manipuler l'information. À ce moment-là, un politicien le moindrement honnête aurait dit : « Voici la situation : il y a l'étude de M. Mathews qui a été rejetée par l'INRS, et puis il y en a trois autres que l'INRS approuve, mais dont la publication a été retardée parce que nous croyons que leurs conclusions sont erronées. Cependant, les chercheurs maintiennent leur version et les contribuables ayant payé pour ces études, nous croyons qu'il est aujourd'hui de notre devoir de les publier. »

J'entends déjà ricaner ceux qui grouillent dans le marais politique : « Quelle naïveté ! » Vraiment ? C'est pourtant précisément l'attitude que M. Parizeau, un an plus tôt, suggérait à Daniel Johnson d'adopter à l'égard d'autres études, celles-ci commandées par le gouvernement libéral, sur les coûts des dédoublements de programmes entre Ottawa et Québec. Écoutons l'appel à la franchise lancé par M. Parizeau à la fin du débat des chefs de 1994 : « Pourquoi pas dire : "Écoutez, pour sauver du temps au gouvernement suivant, voici les études auxquelles nous avons procédé. C'est vrai que jusqu'à maintenant on les sortait pas parce que ça aurait tellement favorisé la thèse des souverainistes, et on avait des hésitations. Mais là on arrive au bout de ce mandat, de ce gouvernement..." Un bon mouvement! Sortez-les, M. Johnson...»

Lorsqu'il s'est agi de leurs propres études, ni M. Parizeau ni M. Le Hir ne se portèrent volontaires pour faire « un bon mouvement ». Même quand les faits commencèrent à émerger, le gouvernement continua de les nier, MM. Parizeau et Le Hir soutenant jusqu'à la fin que les études controversées avaient été arrêtées « quelque part en chemin par l'INRS ».

À cachotterie, cachotterie et demie. Toute la stratégie du NON était fondée sur le silence, le gouvernement Chrétien gardant pour après le référendum l'annonce de ses réformes des programmes sociaux (assurance-chômage et pensions[1]), et les libéraux du Québec faisant de même quant à leur position constitutionnelle. « La seule question, c'est la séparation », répétèrent MM. Chrétien et Johnson à satiété. Comme si le citoyen pouvait voter de manière éclairée sur la « séparation » sans savoir ce qui l'attendait en cas de NON! Évidemment, convaincre les Québécois qu'un NON garantissait la prospérité aurait été passablement plus difficile si on leur avait précédemment annoncé de nouvelles compressions dans les programmes sociaux. Prétendre qu'un NON allait permettre au Québec de prendre sa juste place au sein du Canada risquait de sonner faux si les Québécois avaient su que le projet constitutionnel du PLQ ne proposait rien de plus qu'une « affirmation tranquille au sein du Canada ».

On pourrait consacrer tout un livre à cette manie du secret, de la cachotterie qui anime les politiciens. En démocratie, pourtant, le principe devrait être clair : tous les documents, études et sondages payés par les fonds publics doivent être publiés. Point à la ligne. En outre, un parti qui se présente devant l'électorat a le devoir de dévoiler ses projets et intentions, afin que les citoyens puissent en débattre et en juger. Mais les politiciens sont gens de pouvoir. Et par conséquent de secret, confondant sans cesse leur propre intérêt et l'intérêt public.

Je parle de manie, car cette attitude s'étend jusqu'aux renseigne-

---

1. Greenspon & Wilson-Smith, p. 303-304.

ments les plus insignifiants. Au cours d'une entrevue avec un haut fonctionnaire de la Ville de Montréal, je posai une question d'une banalité déconcertante à propos de l'échéancier des travaux d'un comité de relance économique formé par le maire Pierre Bourque.

« Ce sera au maire d'annoncer ça, me répondit le fonctionnaire, se composant soudain un air mystérieux.

— Mais je ne cherche pas de grande primeur ! Je veux juste savoir quelles sont les prochaines étapes. Est-ce que le comité a terminé ses travaux ? Est-ce qu'il doit déposer un rapport au maire ?

— Je préférerais que cette partie de l'entrevue ne soit pas enregistrée…

— D'accord…

CLIC !

— Écoutez… Je ne peux pas vraiment en dire plus. C'est le maire qui va annoncer ça en temps et lieu.

— Oui, mais dans mon texte, il faut bien que je dise aux lecteurs ce qui va arriver ! Je ne veux pas savoir le contenu du rapport, ou les mesures que le maire va annoncer. Je veux seulement savoir l'échéancier…

— Vous comprendrez que je ne peux rien vous dire… »

Il y a quelques années, *La Presse* découvrait que l'Université de Montréal jugeait les demandes d'admission en fonction d'une sorte de classement des collèges. Ce système, appelé la cote R, a depuis suscité maintes discussions. À l'époque néanmoins, il était aussi secret que nouveau. Les étudiants étaient donc admis ou refusés en vertu de critères dont ils ignoraient jusqu'à l'existence. Au cours d'une conversation téléphonique avec M. René Simard, alors vice-recteur à l'Enseignement et à la Recherche (et devenu recteur depuis), je demandai à obtenir le « classement » des collèges établi par l'université. Devant son refus, je l'avisai que j'aurais recours à la Loi sur l'accès à l'information. Quel ne fut pas mon étonnement de l'entendre rétorquer : « Vous ne pouvez pas ! Je brûlerai tout ! »

Revenu à ses sens, M. Simard ne brûla rien. *La Presse* eut gain de cause devant la Commission d'accès à l'information et publia le « classement » en question. Mais la réaction spontanée de cet éminent universitaire est révélatrice de l'attitude des détenteurs de pouvoir : sauve qui peut, le peuple arrive !

Les ministres ont plus de pouvoir qu'un recteur, et donc plus de secrets. Cependant ne sont-ils pas ceux qui devraient en avoir le moins ?

Convaincus qu'« on ne peut pas tout dire », les politiciens justifient leurs cachotteries par la raison d'État ou de parti. Pourtant rares sont les informations qui, si elles étaient rendues publiques, donneraient lieu à des situations ingérables, même d'un strict point de vue partisan. Mais plus l'information circule, plus ceux qui aspirent à gouverner doivent la maîtriser, comprendre plutôt que croire, réfléchir plutôt que suivre les consignes, convaincre plutôt que berner. Aussi les politiciens choisissent-ils la solution facile, celle qui demande le moins de courage, le moins de talent et le moins de travail. Comme, au hockey, le défenseur qui se laisse choir sur la rondelle plutôt que de tenter une sortie de zone. Le secret est la stratégie des lâches et des médiocres.

L'illusion

Le silence du camp du NON finit par peser lourd, et ses stratèges se rendirent compte en fin de campagne qu'il leur fallait évoquer les lendemains d'un NON. Ils choisirent une voie communément empruntée par les politicailleux de tout acabit : faire semblant de dire quelque chose. Ainsi MM. Chrétien, Johnson et Charest consacrèrent les derniers jours de leur campagne à promettre du changement. Quel changement exactement ? Jamais ils ne le précisèrent. La stratégie était claire : laisser croire aux Québécois que les transformations qu'ils souhaitaient se produiraient effectivement dans le cadre du régime actuel, sans formellement s'engager à quoi que ce soit...
• parce que les leaders du NON ne souhaitaient pas vraiment de tels changements ;
• ou parce qu'ils se doutaient bien qu'ils auraient du mal à livrer la marchandise.
La franchise aurait exigé que M. Chrétien dise quelque chose comme : « Je sais que le Québec veut être reconnu comme société distincte. Je vais essayer de toutes mes forces de vendre l'idée au Canada anglais, je vous le promets. Mais je ne suis pas sûr qu'ils vont l'accepter. » Cependant, comme l'écrit Jean-François Kahn dans son *Esquisse d'une philosophie du mensonge,* les discours des politiciens « s'inscrivent non dans une problématique de "vérité", mais d'utilité, d'efficacité ou d'opportunité[2]. » Tout est dans l'art de ne pas se faire « pogner ».

---

2. Kahn, p. 168.

L'insinuation

J'ai déjà parlé de ce texte qui, provenant prétendument du Parti libéral du Québec, suggérait de refaire du Québec une province officiellement bilingue. Dans les heures suivant sa publication par Jean Bédard en pleine campagne référendaire il devint évident que l'authenticité du document était douteuse. Cela n'empêcha pas le gouvernement péquiste de le déposer à l'Assemblée nationale le lendemain en soutenant qu'il s'agissait du « programme constitutionnel libéral », une fausseté patente.

Le chef du NON répliqua, quant à lui, par une accusation qu'il ne pouvait appuyer sur quoi que ce soit : « Vous prenez le document, et vous le lisez, lisez, lisez », lança M. Johnson à des partisans, allusion évidente au conseiller de M. Parizeau, Jean-François Lisée. « Voulez-vous dire que c'est Lisée qui est à l'origine du document ? » lui demandèrent les journalistes. « Je n'ai rien insinué », a répondu M. Johnson. Ce qui était faux : M. Johnson avait bel et bien insinué quelque chose ! « C'était un jeu de mots dans un discours partisan, merci, bonjour, prochaine question ! » a-t-il tranché avec impatience. Ce qui signifie : l'allusion que j'ai faite était peut-être fausse, mais dans un discours partisan, on a le droit de proférer des faussetés !

L'insinuation est une forme de mensonge particulièrement sournoise. C'est une attaque par derrière, contre laquelle la victime ne peut se défendre, et qui laisse toujours des traces. Elle est davantage le fait des campagnes menées en coulisses que des campagnes officielles, des rumeurs que des discours. Perreault est un « kid Kodak », tel autre a tenté d'acheter des votes… L'insinuation ne nécessite aucune preuve et est terriblement efficace. Mentez, mentez, il en restera toujours quelque chose.

La déformation professionnelle

L'utilisation faite par les péquistes du document sur le bilinguisme est un exemple d'un type de mensonge qui fut très fréquemment employé durant la campagne référendaire, comme il l'est dans tous les affrontements électoraux : la déformation des propos et gestes de l'adversaire. La recette est simple : il s'agit de déterrer des morceaux de déclarations ou des lambeaux du passé de l'opposant, de les mettre hors contexte, d'y injecter une bonne décharge démagogique… et voici que se lève le monstre de Frankenstein !

Le camp du OUI a été particulièrement prodigue à cet égard. Ainsi, les propos du président de la Standard Life, Claude Garcia, qui invitait les militants du camp du NON à « écraser » les souverainistes, sont devenus, dans une série de publicités du OUI, un cruel appel à écraser le Québec tout entier. « Nous refusons de nous laisser écraser ! Nous nous ferons respecter ! » lançaient ces publicités. Encore plus malhonnête fut la transformation de la boutade partisane de Jean Chrétien, lancée à l'endroit des députés bloquistes aux Communes : « Vous allez en manger une belle ! » Celle-ci fut changée en attaque contre les démunis. « APRÈS UN NON, LES FEMMES, LES JEUNES, LES CHÔMEURS ET LES AÎNÉS "VONT EN MANGER UNE BELLE" — Jean Chrétien », soutenait une pleine page de publicité du Conseil de la souveraineté du Québec. On frôlait la diffamation.

Plus tard dans la campagne, le NON se livra au même exercice en tordant une déclaration de Lucien Bouchard. Rappelons les propos exacts de M. Bouchard : « Pensons à la capacité pour les femmes de jouer leur rôle de femmes, leur rôle de mères, et en même temps de jouer des rôles professionnels. C'est pas facile ça, c'est pas réglé ce problème-là ! Pensez-vous que ça a du bon sens qu'on ait si peu d'enfants au Québec ? On est une des races blanches qui a le moins d'enfants. Ça n'a pas de bon sens, ça veut dire qu'on n'a pas réglé les problèmes familiaux. » Cherchant à lutter contre l'« effet Bouchard », le camp du NON défigura cette déclaration, faisant appel — teinté de racisme — au retour au foyer de la femme. « La seule interprétation possible de l'intervention de Lucien Bouchard, a lancé Daniel Johnson à une assemblée de 2 000 femmes pour le NON, c'est qu'il souscrit à une vision rétrograde, dépassée du rôle de la femme dans la société. Tout ce que ça peut laisser entendre, c'est un recul de nombreuses générations alors que l'on trouvait que la place de la femme, c'était au foyer comme génitrice. » Cette « seule interprétation possible » était en réalité la moins vraisemblable, la plus malhonnête de toutes.

La « démonisation » de l'adversaire remonte, elle aussi, à la préhistoire politique. Mais, amplifiée par les médias, elle a aujourd'hui des conséquences plus graves. Je dis amplifiée par les médias non seulement parce que les médias la véhiculent, mais parce qu'ils y participent. La déformation, la caricature et la sursimplification sont les armes préférées des Gilles Proulx et Jean-Luc Mongrain de ce monde. Elles sont même devenues l'étalon de la communication efficace, c'est-à-dire payante. On ne dit plus qu'un ministre s'est trompé, mais qu'il est un incompétent patenté. On ne dit pas que le régime d'assistance sociale doit être réformé, mais que les B.S. sont tous des parasites. Au milieu de cette discothèque démagogique, il faut crier, insulter pour se faire entendre. C'est ce que le journaliste Carl Bernstein a appelé « la culture imbécile[3] ». Le citoyen en redemande, bien sûr. Ses plus bas instincts sont repus. Mais est-il mieux informé ?

À une époque où la population est mieux équipée que jamais pour comprendre les problèmes que doit affronter son gouvernement et en discuter, la politique a été transformée en séance de combat extrême, de sorte que c'est le spectacle, le combat, qui intéresse le citoyen plutôt que le débat.

Le mensonge tactique

Durant la campagne référendaire chacun des camps a été forcé d'effectuer un virage stratégique. D'abord, ce fut le OUI qui, se dirigeant vers une défaite apparemment certaine, décida de mettre en vedette Lucien Bouchard. La stratégie porta ses fruits, on le sait. Mais ce qui est intéressant, c'est que jamais le camp du OUI n'admit ce changement de cap, les stratèges soutenant, contre toute vraisemblance, qu'ils ne faisaient que suivre « le plan de match » originel. Même chose lorsque le camp du NON, témoin de la remontée spectaculaire du OUI dans les sondages, changea de ton, se mit à parler de changements, et multiplia les interventions alarmantes de Jean Chrétien. Tout cela, affirmait-on sans sourire, était prévu dans « le plan de match ».

La vérité, c'est que, en vertu du credo de la stratégie politique moderne, il ne faut jamais admettre qu'on a modifié sa tactique, car ce serait avouer qu'on tire de l'arrière. Aussi bien mentir. Même si le mensonge est flagrant, évident, au point de couvrir de ridicule celui qui le profère.

Le sabordage du débat des chefs manigancé par le camp du OUI relève du même principe. Ayant décidé de mettre Lucien Bouchard en

3. Bernstein, p. 28.

vedette, le camp du OUI n'eut plus qu'un dessein : empêcher la tenue d'un débat Johnson-Parizeau. Tout en ayant l'air d'y tenir comme à la prunelle de ses yeux, bien sûr. D'où une liste de conditions qui s'allongeait à mesure que les stratèges du NON les acceptaient. La franchise aurait exigé que le camp du OUI avoue, tout simplement : « Nous préférons que le débat n'ait pas lieu. » Un aveu politiquement coûteux? Certes. D'autant plus que, mesurée à l'aune de l'intérêt public, la position du camp du OUI dans ce dossier était injustifiable. S'abstenir de débattre, c'est peut-être jouer la *game,* mais c'est aussi refuser de jouer le jeu de la démocratie.

Quelle famille !

On pourrait continuer longuement l'énumération des mensonges proférés durant cette seule campagne référendaire. Les politiciens et leurs politicailleux de service seraient sans doute en mesure de fournir autant de pages d'explications, de justifications et d'alibis. Cela ne changerait rien aux faits : dans tous les cas mentionnés ici, nos leaders connaissaient la vérité — les faits — mais ont choisi de dire autre chose.

L'impressionnisme, l'illusion, la déformation professionnelle, la cachotterie, le mensonge tactique... Toutes ces formes de tromperie s'entremêlent et s'entrechoquent, de sorte qu'il n'est pas facile de les distinguer. Toutefois, le citoyen doit savoir que, sous chacun de ces déguisements, le mensonge reste mensonge. Quoi qu'en disent les politiciens eux-mêmes.

Revenons un instant à notre héros du début, le député libéral de Chomedey, Tom Mulcair. « Que quelqu'un fasse un 45 degrés, que quelqu'un dise la vérité mais pas nécessairement toute la vérité et rien que la vérité, je constate que ça fait partie de la *game.* Là où j'ai du mal [à l'accepter] c'est d'avoir quelqu'un en face de moi qui dit sciemment 180 degrés contraire à la vérité. »

À cette exception que, nous venons de le voir en analysant la campagne référendaire, les « 45 degrés » induisent autant les citoyens en erreur que les « 180 degrés ». Il ne suffit pas, pour un politicien, de ne pas proférer de mensonges grossiers. La vérité n'est pas une question de degrés, elle ne peut être partielle. La vérité, C'EST toute la vérité et rien que la vérité.

TROISIÈME PARTIE

Pinocchio ausculté

Le diagnostic

> Il est peut-être dans la nature du domaine politique
> de nier ou de pervertir toute forme de vérité,
> comme si les hommes étaient incapables de faire
> face à son inébranlable et flagrant entêtement.
>
> Hannah Arendt

L e syndrome de Pinocchio a gangrené le corps politique jusque dans
ses moindres replis. Nous en avons examiné les manifestations, des
plus bénignes aux plus graves. Il reste à établir un diagnostic. À trouver
les origines du mal. À expliquer pourquoi nos représentants mentent
comme ils respirent.

La réponse est simple. Les politiciens ont recours au mensonge parce
qu'ils sont convaincus de sa rentabilité. Par conséquent, de sa nécessité.
Cette rentabilité a été maintes fois démontrée. Les menteurs les plus
habiles — Bourassa, Mitterrand, Clinton — sont les dirigeants qui
« durent » le plus longtemps. Et leur talent est célébré. Les menteurs
maladroits — Clark, Campbell, Carter — font un bout de chemin, mais
finissent par être rejetés hors du système. Les hommes et les femmes pour
qui la franchise est la valeur suprême sont écartés dès leurs premiers pas.

Ne se trouve-t-il pas un seul politicien honnête ? Ce n'est pas d'honnêteté dont il est question ici. Beaucoup de politiciens, sans doute, sont
honnêtes. C'est-à-dire bien intentionnés, dévoués, travailleurs. Cependant, en entrant en politique, ils ont pénétré une culture carburant au

mensonge. Au sein du microcosme politique, la réussite dépend de l'adhésion totale à cette culture. La marginalité n'est pas tolérée. « La morale n'a rien à voir en ce domaine : le mensonge fait partie du *jeu* politique, c'est une arme dont il faut savoir user intelligemment — à peine d'être exclu du jeu[1] », écrit l'économiste français Pierre Lenain, émule de Machiavel. Des politiciens honnêtes, certes. Des politiciens qui ne mentent pas ? Impossible.

Le mensonge, ai-je dit, est rentable. Pourquoi ? Parce que le peuple le récompense. En fin de compte c'est presque toujours le meilleur menteur qui gagne. Soit la population n'est pas consciente de la tromperie ; soit elle l'accepte, en maugréant, parce qu'elle estime ne pas avoir le choix ; soit enfin elle préfère ignorer la vérité.

Reprenons ces hypothèses une par une. Le peuple sait-il qu'on lui ment ? Oui… et non. Il le sait dans le sens indiqué par le préjugé populaire selon lequel « tous les politiciens sont des menteurs ». En même temps, les citoyens ne semblent pas saisir le mensonge dans toute son ampleur, ni dans tout son raffinement. Jean Chrétien a été élu parce que les Canadiens ont cru qu'il allait s'attaquer en priorité au chômage. Les péquistes ont été portés au pouvoir parce que les Québécois espéraient vraiment être gouvernés d'une « autre façon ». Le désabusement du peuple est donc superficiel. Il ne se traduit pas en actes. Les Canadiens continuent de voter en grand nombre et, au moins en surface, à s'intéresser à la chose politique. Arrive une figure nouvelle, un programme différent, et le peuple reprend espoir, tombe dans le piège pour la millième fois. Cet espoir ne peut s'expliquer que par une méconnaissance de l'étendue réelle du syndrome. Car quiconque a vu la bête de près perd à jamais confiance.

On s'attendrait, compte tenu du nombre incalculable d'occasions où ils ont été déçus, que les citoyens des démocraties occidentales se comportent comme les partisans des Expos. Qui ont compris, eux, que peu importe les raisons d'espérer en août l'équipe s'effondre immanquablement au mois de septembre. Par conséquent, ces partisans refusent de se laisser séduire, de participer à ce spectacle dont la fin sera inévitablement décevante. Mais nous ressemblons davantage aux fans des Canadiens qui envahissent aveuglément le centre Molson, quels que

---

1. Lenain, Avant-propos.

soient la performance de leur équipe, la qualité des parties ou le prix exigé. Ils huent, souvent. Mais continuent de payer.

En tant qu'électeurs, il est vrai, nous avons parfois l'impression d'être prisonniers du stade. Nous éprouvons le sentiment de ne pas pouvoir nous défaire de cette culture politique mensongère. Tous les politiciens mentent, aussi bien choisir celui qui, parmi les menteurs, nous plaît davantage. Malheureusement, quand nous faisons ce choix, il est rare que nous allions vers le parti qui ment le moins. En général, nous votons plutôt pour le mensonge le plus séduisant. Ce qui ne fait que confirmer, aux yeux des politiques, la nécessité de sans cesse perfectionner leur art.

Il faut bien l'admettre, les citoyens ont la vérité en horreur. Kim Campbell avait tout à fait raison de dire que le taux de chômage ne connaîtrait pas de baisse substantielle avant la fin de la décennie. Nous l'avons crucifiée. (Mais que serait-il arrivé si Mme Campbell avait conservé cette attitude plutôt que de retomber dans la politique traditionnelle dès les premiers signes de résistance ?)

La vérité est complexe, subtile, et triste. Elle est miroir. Elle nous dit qu'il n'y a ni solutions simples ni héros, que les « autres » ne sont pas les seuls responsables, qu'il faut faire un effort. Les rares politiciens qui s'essaient sur ce terrain sont laissés loin derrière les simplificateurs les plus habiles. « Nous découvrons là, écrit le journaliste français Jean-François Kahn, l'un des facteurs essentiels qui donne au mensonge un considérable avantage stratégique dans l'affrontement qui l'oppose à une vérité ponctuelle ou partielle : le mensonge offre toujours des réponses closes, bouclées, suffisantes[2]. » Entre un leader qui présente un programme modéré et mûrement réfléchi, et un autre qui promet de régler nos problèmes en un tournemain, nous choisirons le second.

Le Trudeau de 1972, menant un honnête « dialogue avec les Canadiens », expliquant que le gel des prix et des salaires devrait peut-être être imposé un jour, passa à un cheveu de la défaite. Le Trudeau de 1974, férocement partisan, se moquant magistralement du contrôle des prix et des salaires proposé par les conservateurs, triompha. Pour annoncer, quelques mois plus tard, le gel des prix et des salaires… La simplicité nous séduit. Mais elle ment.

---

2. Kahn, p. 151.

Nous voulons croire, rêver. C'est la principale porte d'entrée du virus. Le peuple accepte mal, par exemple, qu'un politicien avoue ses ambitions. Ce qui nous a donné ces éternels discours creux, comme quoi M. Untel ne veut devenir premier ministre que pour servir ses concitoyens. Nous savons, bien sûr, que cela est faux. Que l'ambition est le premier moteur de tout politicien. Mais nous préférons le mensonge. Le songe. Nous punissons la vérité. Le néophyte apprendra vite, on ne l'y reprendra plus !

Leaders et citoyens sont « manifestement de connivence[3] », estime John Saul. Notre comportement se rapproche en effet de celui de l'épouse refusant de voir que son mari la trompe allégrement. Elle ferme les yeux parce que la vérité serait trop pénible à affronter. Elle devient ainsi complice en même temps que victime. Victime parce que complice.

La petite vie

Notre tolérance — ou du moins la superficialité de notre intolérance — à l'endroit de la duperie politique vient peut-être aussi du fait que nous-mêmes mentons à cœur de jour comme des arracheurs de dents. À cet égard, peut-être plus qu'en toute autre chose, les élus sont nos dignes représentants. « L'incontestable vérité, constate le philosophe Robert Solomon, c'est que nos relations sociales les plus simples ne pourraient exister sans cet instrument opaque qu'on appelle mensonge[4]. »

Cela commence au petit-déjeuner, quand notre conjoint nous demande « À quoi penses-tu ? » et que nous lui répondons « Oh, à rien... » Un petit mensonge insignifiant, direz-vous. Vraiment ? À quoi pensiez-vous ?

Quand le président de l'entreprise visite votre étage, n'êtes-vous pas dégoulinant de compliments et de sourires, bien que vous méprisiez l'homme et tout ce qu'il représente ? Lui direz-vous qu'il est inadmissible qu'il se paie une nouvelle limousine alors même qu'il met des employés à pied ? Ou plutôt : « Bonjour monsieur le président. Comment va madame ? »

Dans ses enquêtes sur le mensonge dans la vie quotidienne, la psy-

---

3. Saul, p. 374.

4. Solomon, p. 33.

chologue Bella M. DePaulo a estimé que nous mentions lors d'une interaction sociale sur cinq. Chez les jeunes, ce taux est encore plus élevé : un mensonge par trois rencontres. Au sein des couples mariés, un mensonge par dix interactions. Nous mentons donc constamment, par intérêt, par lâcheté, par charité, par habitude, par amour. « Le Contrat social, a écrit H. G. Wells, n'est rien de plus qu'une vaste conspiration d'êtres humains s'entendant pour se mentir et s'enjôler les uns les autres afin de préserver le Bien commun[5]. »

Le fait est que, malgré tous les beaux principes dont nous nous targuons, nous détestons la vérité. Et ceux qui la disent. Vous êtes à un cocktail, discutant avec un autre invité. Brusquement, celui-ci vous quitte en laissant tomber : « Bon, écoutez, cette conversation ne m'intéresse pas tellement, je vais aller voir un de mes amis. » Il ne fait que dire la vérité, mais vous serez furieux et vous lui en voudrez jusqu'à la fin de vos jours. Nous ne traitons pas mieux nos prophètes de vérité que les politiciens les leurs. Par contre si votre interlocuteur invente un mensonge éhonté, du genre « Excusez-moi, il faut que j'aille donner un coup de téléphone », vous ne lui en voudrez pas le moins du monde. Sa tromperie rassurera vos illusions.

Les mensonges politiques sont de même nature que nos petits mensonges. Ils ont les mêmes sources et les mêmes buts : la peur et l'ambition. La peur de déplaire et l'ambition de plaire. Les hommes et les femmes politiques sont avant tout des hommes et des femmes. Et donc des menteurs. Pourquoi agiraient-ils différemment une fois lancés dans la vie publique ? Alors que l'ambition et la peur sont plus fortes que jamais ? Alors que, comme dans la vie privée, la victime est ou bien ignorante ou bien consentante ?

Cependant, contrairement aux mensonges de la vie privée, les mensonges politiques sont toujours inadmissibles. Parce qu'ils touchent plus de gens, bien sûr, et portent davantage à conséquence. Mais surtout, on l'a dit dès le début, parce qu'ils constituent un bris de contrat, de la fiducie confiée aux gouvernants par les gouvernés. Votre interlocuteur de cocktail n'a envers vous aucune obligation de vérité. Il se peut même que, dans de telles circonstances, le devoir de politesse l'emporte sur le devoir de vérité.

---

5. Cité par Bailey, p. 35.

La relation entre les élus et les citoyens s'apparente davantage à celle du professionnel avec son client. Vous lui confiez vos affaires, en échange de quoi il s'engage, notamment, à vous fournir toute l'information pertinente. L'avocat, dit le code de déontologie du Barreau, « doit fournir à son client les explications nécessaires à la compréhension et à l'appréciation des services qu'il lui rend ». Le médecin, quant à lui, « doit s'assurer que le patient [...] a reçu toutes les explications nécessaires portant sur la nature, le but et les conséquences possibles de l'investigation, du traitement ou de la recherche que le médecin s'apprête à effectuer ». Le mensonge, ici, n'a pas sa place.

Il existe différentes façons de concevoir la démocratie représentative, selon qu'on croit que le citoyen délègue plus ou moins complètement aux élus la gestion de la chose publique. Selon qu'on perçoit les élus comme des mandataires ou des fiduciaires. Mais d'une manière ou d'une autre, notre système politique est fondé sur le droit des citoyens de choisir leurs dirigeants, et donc d'évaluer périodiquement la façon dont ils s'acquittent de leur tâche. Comment pourraient-ils le faire sans disposer d'une information complète et juste ? D'où découle le devoir des politiciens de dire au peuple la vérité, toute la vérité et rien que la vérité.

De la rentabilité à la nécessité

En privé, les politiciens admettent sans trop de mal une bonne part de leurs exagérations, omissions et feintes. C'est la preuve qu'ils sont conscients des travers de leur comportement, qu'ils ne sont pas complètement subjugués par les illusions qu'ils créent pour le bénéfice de leurs électeurs. Cependant, ils répugnent à nommer mensonges ces déformations de la vérité. Et ils les justifient non pas en termes de rentabilité, mais de nécessité. Camouflage de plus en plus vaste, la raison d'État cache opportunément des intérêts purement partisans.

Il fut un temps, a rappelé la philosophe Hannah Arendt, où l'emploi du mensonge politique était, par la force des choses, plutôt limité. Limité quant à sa fréquence, quant à son objet, quant au nombre de personnes concernées. La tromperie était utilisée pour la guerre et pour la diplomatie au sein d'une classe politique restreinte. On mentait à l'ennemi, la survie de l'État était en cause. Le peuple n'était pas vraiment touché par tout cela.

L'avènement de la démocratie et l'explosion des moyens de communication ont entraîné une multiplication des mensonges. Et une inflation de la raison d'État. « Même dans le monde libre, constatait déjà Arendt il y a trente ans, des groupes d'intérêt gigantesques ont développé une sorte de mentalité de raison d'État qui était jusque-là strictement réservée à la conduite des affaires étrangères [...][6] »

Qu'il soit légitime, encore aujourd'hui, de mentir à l'ennemi, personne ne le contestera. Au cours d'un conflit armé, la tromperie fait inévitablement partie de l'arsenal de chaque camp. « En temps de guerre, disait Churchill, la vérité est si précieuse qu'elle devrait être protégée par un bouclier de mensonges[7]. » Les choses s'embrouillent dès lors que cette arme est employée non seulement pour tromper l'ennemi, mais pour convaincre sa propre population de la nécessité du combat. Dès lors que le mensonge enfile le costume de la propagande. L'inertie ou la résistance du peuple fait alors de celui-ci un ennemi contre lequel il paraît justifié de mentir.

Ce raisonnement se retourne parfois contre ses auteurs. Le gouvernement américain, par exemple, paya de sa crédibilité les tonnes de mensonges dont il bombarda sa population durant la guerre du Viêtnam. En général pourtant, ce type de mensonge, parce qu'il mise sur les préjugés nationalistes, est extraordinairement efficace. D'abord récalcitrants, les Américains appuyèrent avec enthousiasme l'aventure schwarzkopfienne en Irak, convaincus par la Maison-Blanche qu'il s'agissait de sauver le monde d'un nouveau Hitler, plutôt que, entre autres objectifs moins glorieux, de revamper la popularité chancelante de George Bush et de renforcer la position des forces armées dans leur lutte contre les compressions budgétaires.

Saddam Hussein, un dictateur comme les Américains en avaient appuyé des dizaines par le passé, et qui avait lui-même longtemps profité de leur soutien, fut transformé en Lucifer pour les besoins de la cause, au point que certains des plus proches conseillers du président en furent incommodés[8]. Qui ne se souvient pas du témoignage de cette

---

6. Arendt, p. 126.

7. Cité dans Powell, J., p. 233.

8. Powell, C., p. 491.

jeune Koweitienne qui racontait comment les Irakiens avaient assassiné des bébés dans les hôpitaux de son pays ? On sut plus tard, mais on n'en parla pas trop, qu'il s'agissait de la fille de l'ambassadeur du Koweit à Washington, que les actes en question n'avaient jamais été commis, et que son témoignage faisait partie d'une campagne de relations publiques soigneusement orchestrée.

En fait, pratiquement tous les arguments employés par l'administration Bush pour justifier l'offensive de janvier 1990 étaient mensongers. C'est pourquoi il était essentiel de sataniser Hussein ; on renforçait ainsi des raisonnements qui menaçaient de s'écrouler à tout moment. Ainsi les Américains prirent-ils grand soin d'exagérer la capacité nucléaire des Irakiens. Ceux-ci étaient pourtant à des années de pouvoir fabriquer leur première bombe atomique[9]. Peu importe : pouvait-on courir le moindre risque qu'un tel monstre ne se dote de l'arme ultime ?

On apprit également que les fameux briefings qui firent la gloire des généraux américains étaient parsemés de faussetés. On prétendit que tous les sites de lancement des missiles Scuds avaient été détruits ; seulement la moitié le furent[10]. Les fameux Patriots, censés intercepter à tout coup les Scuds irakiens, ratèrent leur cible plus souvent qu'autrement ; heureusement, les Scuds avaient le don... de se désintégrer d'eux-mêmes[11] ! Quant à la fameuse « guerre chirurgicale », on sait aujourd'hui que seulement 7 % des bombes américaines étaient des engins « intelligents » et, que de ce nombre, 40 % au moins ratèrent leur cible[12].

L'aventure irakienne n'aurait pas été possible sans l'appui populaire — c'était l'une des leçons du Viêt-nam — et donc sans la campagne de propagande qui l'a précédée et accompagnée. La guerre ayant été brève et victorieuse, les Américains ont préféré effacer de leur esprit le tissu de mensonges dont on l'avait recouverte. Ils purent ainsi jouir du triomphe sans arrière-pensée.

La raison d'État, principe noble, est dévalorisée chaque fois que les

---

9. Mueller, p. 143.

10. Gordon & Trainor, p. 238.

11. Freedman & Karsh, p. 310-311.

12. Graubard, p. 11.

gouvernants en abusent. Dans le cas de la guerre du Golfe, l'abus était grossier, évident… et meurtrier. Surtout, il fut efficace. Bill Clinton ne manqua pas de le remarquer. Quelques semaines avant l'élection présidentielle de 1996, il lança à son tour un assaut contre Saddam Hussein. Une attaque encore plus injustifiée que la Tempête du désert. « Nous ne pouvons pas autoriser quiconque où que ce soit à croire qu'il n'est pas tenu de respecter les normes de conduite civilisée », a expliqué le président. Ah ? Et les Turcs ? Les Serbes ? Les Chinois ? Tout le monde le savait, le voyait : Clinton mentait pour des raisons bassement partisanes. Il étirait le camouflage de la raison d'État jusqu'aux extrêmes limites de l'élasticité. Tout le monde le savait… et Clinton fut triomphalement réélu.

L'ennemi est partout

Pour les militaires comme pour leurs (supposés) maîtres politiques, l'ennemi ne se trouve donc plus seulement de l'autre côté des frontières. L'ennemi, c'est aussi tous ceux — politiciens, journalistes, fonctionnaires, activistes, même les simples citoyens — qui pourraient remettre en question leurs façons de faire, leurs traditions ou leurs caprices. À ceux-là, comme à n'importe quel ennemi, il est permis de cacher la vérité. C'est ce que firent Oliver North et ses acolytes, héros de la saga de l'Iran-contragate. Dans leur esprit, la raison d'État exigeait qu'ils agissent à l'égard du Congrès et du FBI « comme s'il s'agissait de Coréens du Nord[13] ». À leur suite, comme à l'époque de Watergate, toute l'administration, jusqu'au président, préféra succomber au mensonge plutôt que de crever l'abcès. Les Américains, ayant besoin de croire en Ronald Reagan comme un enfant a besoin d'admirer son père, s'empressèrent d'effacer ces taches de son panégyrique.

Robert Earl, un adjoint de North, expliqua la stratégie qu'il préconisait lorsqu'une information faisait l'objet d'une fuite. Étape 1 : tout nier, ou refuser de commenter. Étape 2 : si vous n'avez vraiment pas le choix, dire quelque chose, mais en en révélant le moins possible. Étape 3 : faire disparaître la preuve[14]. C'est, notons-le, la stratégie qu'avaient

---

13. Wroe, p. 241.

14. *Ibid.*, p. 248-249.

employée les hommes du président Nixon. C'est aussi celle qu'ont adoptée certains officiers de l'armée canadienne dans l'affaire somalienne. Et bien des politiciens y reconnaîtront leur propre comportement.

Car — c'est là que je veux en venir — la perspective politicienne n'est pas différente de celle des soldats : les partis adverses, les journalistes, les groupes de pression, en somme tous ceux qui osent se dresser sur leur route sont considérés comme des ennemis mortels. À la guerre comme à la guerre : pourquoi leur dirait-on la vérité ? N'est-il pas révélateur que le gouvernement Chrétien ait, en toute connaissance de cause, choisi comme chef d'état-major un militaire qui était soupçonné d'avoir menti et d'avoir approuvé la falsification de documents ?

Le dupeur dupé

La raison d'État sert moins à justifier le mensonge vis-à-vis du peuple qu'aux yeux des menteurs eux-mêmes. Lorsque, au cours d'un cocktail offert aux journalistes pour Noël, tel politicien admet en avoir beurré épais dans son dernier discours, il se défend du même souffle en disant que « les gens ne comprendraient pas autrement », ou qu'« il fallait bien répondre à l'opposition », ou qu'« il y a des choses qu'on ne peut pas dire ». Et les reporters d'opiner du bonnet.

Il est certain que, dans une certaine mesure, le politique est convaincu de ne pas avoir le choix. Stimulés par ce sentiment de nécessité, emportés par la tourmente partisane, les politiciens finissent par croire en leurs propres inepties. La conscience est ainsi apaisée, et l'efficacité du mensonge décuplée. Pierre Elliott Trudeau est certainement convaincu que René Lévesque « a abandonné » le droit de veto du Québec en 1981. Les souverainistes qui ont accusé Jean-Louis Roux d'avoir « affiché son mépris pour les Québécois » étaient sans doute sincères. Il n'empêche que, dans les deux cas, il s'agit de faussetés manifestes. Les principaux intéressés les ont tellement répétées qu'ils ont fini par y croire eux-mêmes, en plus d'en persuader bon nombre de gens. De mensonges, ces faussetés ont été transformées en vérités. Au milieu de cet enchevêtrement de vérités relatives, il devient effroyablement difficile de repérer LA vérité. On finit par désespérer de son existence. Et pourtant, cette vérité, la « vérité objective » selon l'expression de Hannah Arendt, elle existe. C'est l'Allemagne qui a envahi la France et non le contraire !

Revenons au cas du veto. Lévesque avait conclu une entente avec sept autres provinces. Comme tout contrat, cette entente constituait un tout. Le Québec avait échangé son veto contre d'autres concessions. Enlevez ces concessions, comme le firent M. Trudeau et les premiers ministres provinciaux pendant la conférence de novembre 1981, et l'échange ne tient évidemment plus. Un parallèle : le propriétaire d'une maison signe un contrat de vente pour 150 000 $. L'acheteur décide par la suite de ne lui en offrir que 130 000 $. Peut-il prétendre que la maison lui appartient tout de même parce que le propriétaire l'a « abandonnée » dans l'entente précédente ? Non, évidemment. C'est pourtant la vérité servie à la Trudeau.

Jean-Louis Roux ? En réalité, rien dans ses propos préréférendaires n'indique le moindre mépris pour les Québécois. Réécoutons la déclaration controversée qu'il a faite au *Point* de Radio-Canada. Mais réécoutons-la *toute*, vous voulez bien ?

« Êtes-vous un nationaliste canadien ? demande au sénateur le reporter Alain Gravel. Est-ce qu'émotivement vous ressentez quelque chose pour le Canada ? »

STOP. Avant d'entendre la réponse du comédien, veuillez simplement remarquer qu'on l'interroge ici sur le nationalisme *canadien*. Roux n'en a donc pas que contre le nationalisme québécois. Comme le souligne le journaliste, « il méprise les nationalismes, quels qu'ils soient ». On continue...

« Très franchement, non. Je ne marche pas dans ce mouvement-là. Je me refuse à éprouver tout frisson en pensant à la Nation et au Pays parce que je trouve que ce sont des choses qui mènent aux catastrophes, ce sont des choses qui mènent à Sarajevo, ce sont des choses qui mènent à Grozny. »

Un peu plus loin dans le reportage, Roux poursuit : « Si jamais le OUI gagnait au référendum, je ne suis pas sûr que je resterais au Québec... parce que même si je respecte l'option des nationalistes, même si je suis prêt à admettre que la très grande majorité d'entre eux sont des gens qui ont même l'esprit ouvert, le nationalisme, comme je vous ai dit, est quand même pour moi un mouvement d'esprit qui rapetisse les choses et qui peut aboutir très facilement sur de l'intolérance.

— Vous pourriez quitter le Québec ?

— Oui.

— Vous iriez où ?

— Probablement... je ne sais pas, si j'en avais les moyens, peut-être en Europe parce que c'est un endroit du monde où je me sens très à l'aise. Ou alors ailleurs au Canada.

— C'est à ce point?

— Oui, oui.

— C'est gros, quand même.

— Oui… oui, mais c'est une chose que j'envisage. »

« Ça vous inspire quoi, demande Gravel, de voir des artistes garder le silence dans un débat aussi important que celui-là, et en tenant compte du fait que l'artiste est libre théoriquement?

— Absolument… Je ne veux pas faire de comparaison odieuse, mais il est évident qu'on a reproché aux intellectuels allemands d'avoir garder le silence dans les années 1930. Bon. Je ne veux pas faire de comparaison odieuse, y a aucun parallèle entre les deux situations. Mais il est évident que, quand les intellectuels et les artistes s'obligent au silence, c'est pas très sain sur le plan démocratique. »

Où voit-on le mépris pour les Québécois? Une méfiance excessive et maladroite à l'endroit du nationalisme québécois et de ces apôtres, certes. Du mépris pour les Québécois, point. Roux aurait dû tourner sa langue sept fois avant d'évoquer l'Allemagne des années 1930. Mais ses accusateurs auraient dû, pour leur part, réécouter l'entrevue sept fois. Ne serait-ce que pour entendre cette phrase qui a complètement disparu dans la poussière soulevée par la controverse : « Y a aucun parallèle entre les deux situations. » Une phrase qui n'excuse pas tout, mais dont on doit certainement tenir compte.

Mais si les souverainistes dans le cas Roux, Trudeau dans celui du veto, si les politiciens en général parlent sincèrement, peut-on les accuser de mentir? Oui. Évidemment, il existe différentes catégories de menteurs. Certains se vautrent dans la duperie et en abusent comme bien des gens de l'alcool. D'autres en usent savamment, presque scientifiquement. Il y a ceux qui dérogent à la vérité à contrecœur, « frustrés de ne pouvoir atteindre à une véritable transparence », comme l'écrit Claude Morin en se classant sans doute dans ce groupe. Plusieurs enfin mentent sans trop s'en rendre compte. C'est le système, le langage politique qui ment par leur bouche. Bons soldats, ils suivent le chef. Le rapport Allaire le vendredi, Ô Canada! le dimanche.

« Le mensonge et le mensonge à soi-même sont intimement liés, souligne Robert Solomon, professeur de philosophie à l'Université du Texas. Nous nous trompons nous-mêmes dans le but de tromper les autres, et nous trompons les autres dans le but de nous tromper nous-mêmes. Et pour rendre la chose encore plus compliquée, nous ne savons pas toujours lequel est lequel ou qui est qui[15]. » Si ce cercle vicieux peut rendre certains mensonges excusables dans la vie privée, il n'en est rien en politique. Car, nous l'avons vu, la vérité objective existe, et les politiciens ont à cet égard une responsabilité particulière. À un moment ou un autre, à la suite d'un glissement ou d'un aveuglement moral, nos dirigeants choisissent de ne pas avoir recours aux faits parce que ceux-ci ne servent pas leurs intérêts. Qu'ils préfèrent occulter ensuite ce choix, ou même, à la limite, qu'ils n'en soient pas conscients, ne rend pas plus acceptable la manipulation constante dont dépend leur réussite. Les mieux intentionnés sont, tout de même, des collabos du mensonge.

La vérité objective existe. Évidemment, dans beaucoup de cas, elle est aussi difficile à dénicher, puis à saisir qu'une couleuvre, et sa complexité est rebutante. Mais cela ne dégage pas les acteurs politiques de leurs responsabilités. Comme le souligne le philosophe américain Bernard Williams, la véracité d'une personne ne dépend pas seulement de sa sincérité ; chacun doit « faire un certain effort pour s'assurer que ce qu'il croit est vrai[16] ».

Prenons un cas particulièrement difficile : la situation de la langue française au Québec. Nombreux sont les nationalistes qui soutiennent que le Québec, et Montréal en particulier, s'anglicise, se bilinguise. Qu'en est-il ? Répondre objectivement à cette question peut paraître impossible, tellement les spécialistes eux-mêmes n'en finissent plus de débattre. Cependant, on doit au moins exposer les faits avec rigueur.

Au sujet de l'affichage, par exemple. Il est étonnant de constater combien, en cette matière, les intervenants s'appuient sur des impressions plus que sur des données précises. Il n'existe, sur l'affichage, qu'une étude scientifique récente. Elle a été faite en 1995, et répétée en 1996 par le Conseil de la langue française. En général, ceux qui l'évoquent n'en retiennent qu'une donnée ou l'autre, selon la thèse qu'ils défendent. On soulignera par exemple que 42 % des commerces que l'on a visités dans l'île de Montréal étaient en violation de la Charte de la langue française telle qu'elle fut modifiée par la loi 86. (Adoptée par

---

15. Solomon, p. 43.

16. Williams, dans *Social Research,* p. 603.

le gouvernement Bourassa en 1993, la loi 86 prévoit que l'affichage commercial peut être fait dans une autre langue « pourvu que le français y figure de façon nettement prédominante ».) Montréal s'anglicise ! Mais on taira le fait, apparemment contradictoire, que 84 % des messages affichés sur les façades commerciales sont unilingues français. Et on ne se donnera certainement pas la peine — et là les médias sont également à blâmer — de chercher une explication à ce paradoxe.

L'explication, c'est qu'il suffit d'afficher un seul message (sur une moyenne de neuf par commerce) où le français n'est pas nettement prédominant pour être trouvé en violation de la loi. Voyez la façade de ce dépanneur rue Mont-Royal. Tout y est en français — l'enseigne, les affiches — sauf un mot, le mot « cold » sous le mot « bière ». En adoptant la méthodologie du Conseil de la langue française, on conclut que 80 % des messages affichés par ce petit commerce sont unilingues français. Cependant un message « froide — cold » est bilingue, et comme « froide » n'est pas « nettement prédominant », le commerce ne répond pas aux exigences de la Charte. « Un grand nombre d'infractions, ce sont vraiment des détails, tu ne les vois pas », explique le directeur des études et de la recherche au Conseil Pierre Georgeault. C'est clair que, quand quelqu'un regarde la vitrine, son impression, c'est que l'affichage en français est prédominant. On cherche un peu les puces, là[17]. » Puces ou pas, ces renseignements supplémentaires permettent de mieux comprendre ce que veut dire la proportion, à première vue alarmante, de commerces non conformes à la loi.

Il faut aussi se souvenir que, dans les années 1980, sous la bonne vieille loi 101 du docteur Laurin, l'affichage était loin d'être unilingue français partout. Selon une enquête effectuée en 1984 par le Conseil de la langue française, seulement 54 % des affiches commerciales du boulevard Beaconsfield étaient unilingues françaises et à peine 53 % au Centre commercial Fairview[18]. Même aux Galeries d'Anjou, on trouvait 5 % d'affiches unilingues anglaises.

Peut-être est-il exact que Montréal s'anglicise. Mais, en toute honnêteté, avant de faire une telle affirmation, on se doit de se documenter

---

17. Entretien avec l'auteur.

18. Maurais, J. & Plamondon, P., *Le visage français du Québec, enquête sur l'affichage*, Conseil de la langue française, 1986.

sérieusement sur l'évolution des choses. De faire « un certain effort » pour s'approcher de la vérité.

Les militants péquistes se rappellent sûrement le discours passionné que prononça Yves Michaud, indépendantiste de longue date, au congrès de novembre 1996. Plus que toute autre intervention, ce discours poussa les membres du PQ à défier, le temps d'un vote au moins, leur chef Lucien Bouchard. Plaidant pour l'abolition de la loi 86, M. Michaud lança, des trémolos dans la voix : « Tous les jours, je me sens humilié, offensé dans ce qui reste de la deuxième ville française du monde, balafrée, défigurée par les *Second Cup,* les *Liquor Store Cabaret,* les *Wal-Mart,* les *Club Price* et les *Winner's* ! »

Avocat à l'Office de la langue française, Jean Dansereau a été fort étonné d'entendre le plaidoyer de M. Michaud : « Tous les noms qu'il a donnés [...] ça n'a rien à voir avec la loi 86. Ce problème-là existe depuis le début de la loi 101[19]. » C'est-à-dire que, même dans sa version initiale, la Charte de la langue française n'était pas parvenue à empêcher les commerçants d'employer des mots anglais, sinon une marque de commerce entièrement anglaise, sur la façade de leurs établissements. « La loi laisse subsister beaucoup d'anglais », déplorait à cet égard la Commission de surveillance de la langue française dans son rapport d'activités de 1982-1983.

Dans ce débat comme partout, il serait sain que les arguments des uns et des autres s'appuient sur une recherche consciencieuse des faits. Une recherche de la vérité objective, plutôt que de sa belle-sœur démagogique.

Les signes vitaux

S'il faut en croire les politologues, malgré la progression fulgurante du syndrome, le patient ne se porte pas si mal. Nous l'avons dit, les taux de participation aux élections restent élevés. Le poids des citoyens dans les décisions est en apparence plus grand que jamais. Les gouvernements se sentent tenus d'entendre le peuple avant de prendre quelque décision importante, ce qui est nouveau. On ne parle plus que de consultations et de référendums.

---

19. Entretien avec l'auteur.

De fait, la démocratie a changé. Mais, comme les virus qui finissent par s'adapter aux vaccins, le mensonge a changé avec elle. La démocratie s'est étendue, offrant à un nombre de citoyens de plus en plus grand l'occasion (l'illusion ?) de participer directement à un nombre croissant de décisions, mais la tromperie aussi a agrandi sa toile. De sorte que si le système semble garder le moral, on peut déceler d'importants signes d'affaiblissement.

Ainsi, ces consultations que multiplient les gouvernements ont toutes les allures d'exercices factices. Plus souvent qu'autrement, en choisissant soigneusement les intervenants, les dirigeants s'assurent d'obtenir les conclusions souhaitées. L'exercice mis sur pied en début de mandat par le ministre des Finances, Paul Martin, en est le meilleur exemple. Le milieu des affaires y dominait, et le ministre put facilement conclure que la priorité des Canadiens était la réduction du déficit. Je me souviens d'un atelier à Montréal où une représentante des assistés sociaux affrontait plusieurs gros canons du milieu des affaires. Elle se défendit avec énergie, mais sa voix se perdit dans le grondement de Québec Inc.

Dans l'éventualité où le gouvernement perd le contrôle d'une consultation, il lui est facile d'en ignorer les conclusions, voire d'annoncer ses couleurs avant la fin des travaux de la commission ou du comité en question. Quel est le poids des vœux pieux exprimés pendant deux ans au cours des États généraux de l'éducation face aux centaines de millions de compressions décidées chaque année par le gouvernement péquiste ? Les politiciens des années 1990 consultent plus. Mais il n'est pas certain qu'ils écoutent davantage.

Certes, les citoyens votent en grand nombre. Mais choisissent-ils ? Dans la mesure où, quel que soit le résultat de l'élection, la politique adoptée est sensiblement la même, leur vote a-t-il un sens véritable ? Ou bien s'agit-il simplement de légitimer des décisions prises au sommet ? S'il n'y a qu'une politique possible, si les élections se résument à choisir les personnes les plus aptes à appliquer cette politique, pourquoi ne le dit-on pas au peuple ? Quelle est la valeur d'une décision populaire si elle est fondée sur une information fausse et incomplète ? Si le citoyen doit non pas soupeser des arguments, ce qui serait déjà difficile, mais se dépêtrer au milieu d'un amas de mensonges ?

Il ne s'agit pas d'annoncer ici la fin prochaine de notre démocratie, système qui, comme le disait Churchill, est le pire... à part tous les autres. Cependant, la prolifération des mensonges ne peut aller sans conséquences. Le dossier du malade comporte d'ailleurs quelques notes inquiétantes. Exposé à la tromperie permanente, le citoyen se croit à son tour tout permis. Le travail au noir et la fraude fiscale, phénomènes de plus en plus répandus, n'ont pas que des sources économiques.

Le cynisme peut aussi pousser le peuple dans des voies dangereuses. Partout, on constate que les gens donnent de plus en plus leur adhésion à la manière forte. Au Canada, le succès des Harris et Klein en témoigne. De même que celui des animateurs de tribunes téléphoniques, dont la seule compétence est de gueuler. Jamais, remarquez-le bien, contre les nantis. Toujours contre les gouvernements, les assistés sociaux et les immigrants.

Le syndrome de Pinocchio est un mal mystérieux, sournois, dont nul ne peut prédire l'évolution. Le patient peut survivre longtemps. Mais son état pourrait aussi brusquement se détériorer. On peut fermer les yeux et ignorer ce risque. Renvoyer le patient chez lui, virage ambulatoire oblige. On peut, également, dans la crainte du pire, dans l'espoir du mieux surtout, se mettre à la recherche d'un antidote.

Le vaccin

> La démocratie exige qu'on se réfère aux principes et
> ceux-ci ne sont pas sans contenu moral.
>
> Alain Etchegoyen

Nous avons concédé la victoire au mensonge.
« Dans le cours normal de la démocratie, il y a aussi des moments
où il faut mentir[1] », écrit Jean-François Lisée, pourtant impitoyable
pourfendeur de la tricherie de Robert Bourassa.

« Du point de vue d'une moralité strictement et étroitement com-
prise, on peut déplorer cet état de fait, mais qu'y faire ? En politique, plus
peut-être que dans d'autres domaines, toute vérité n'est en effet pas
bonne à dire[2] », admet Claude Morin.

« Le mensonge est le pivot du jeu politique ; il n'y a pas de politique
sans mensonge, personne ne peut avoir les mains pures ; à l'évidence il
est utopique de croire que l'on puisse échapper au mensonge[3] », estime
l'économiste français Pierre Lenain.

Philosophes, psychologues, journalistes et politiciens admettent

---

1. Lisée, *Le Naufrageur,* p. 642.

2. Morin, p. 127.

3. Lenain, p. 80.

d'emblée qu'une part de mensonge est inéluctable, voire nécessaire en politique. Ce faisant, ils ouvrent la porte au virus. Le mauvais génie est sorti de la lampe, et nous voici bien en mal de l'y remettre. « Nous sommes devenus insensibles au mensonge[4] », déplore le journaliste américain Carl Bernstein.

« Inévitable dans la démocratie, souvent engendré par elle, le mensonge doit être encadré, surveillé aux abords de l'État, sous peine d'envahir l'ensemble de la conscience et de la parole politique avant que de contaminer le peuple[5] », affirme le philosophe Alain Etchegoyen, auteur de *La Démocratie malade du mensonge*. Encadré ? Il en serait donc du mensonge comme de l'alcool, une question de dosage ? Mais où tracer la frontière entre l'acceptable et l'inadmissible ? Où situer le 0,08 du mensonge politique ?

L'évolution politique récente montre que, une fois le corps infecté, rien n'arrête la progression du syndrome de Pinocchio. La confusion du citoyen, le recours permanent à une raison d'État dénaturée et l'habileté croissante des menteurs ont plongé la morale politique dans un marais de flou. Tel le monstre du Loch Ness : ceux qui prétendent que cette morale existe s'exposent aux sarcasmes. La réaction suscitée par *Le Tricheur* de Lisée en constitue la preuve par quatre : à la tromperie démontrée, on a répliqué, l'air blasé, que celle-ci faisait tout simplement partie du jeu politique ; pourquoi s'en offusquer ?

Mais, acceptant lui-même que le mensonge politique puisse être « anodin et nécessaire », Lisée a bien du mal à trouver ensuite un terrain solide d'où soutenir que Bourassa a dépassé les bornes. Car, dès lors qu'on admet que « le chef de l'État ou du gouvernement n'a pas d'obligation, absolue et immuable, de transparence et de vérité », tout devient question d'interprétation. Le souverainiste trouvera odieuses les tactiques du chef libéral, le fédéraliste les jugera brillantes.

« Malheureusement, fait remarquer celui qui fut secrétaire de presse du président Carter, Jody Powell, une fois qu'on met le pied sur la pente glissante du relativisme, il est difficile de s'arrêter[6]. » Powell raconte

---

4. Entretien avec l'auteur.

5. Etchegoyen, p. 66.

6. Powell, J., p. 234.

comment lui-même a pu éviter d'employer la duperie, tandis que son successeur dans l'administration Reagan se serait rendu coupable de « mensonges conçus dans le seul but de protéger et de promouvoir des intérêts politiques ». Pente glissante en effet…

Si nous ne parvenons pas à vaincre le syndrome de Pinocchio, c'est que, dès le départ, nous lui concédons un droit d'infection. Comme si nous nous croisions les bras devant la progression d'une épidémie et concentrions toutes notre énergie à soigner les mourants. L'éradication du mensonge politique nécessite une intervention précoce. Un vaccin plutôt qu'un remède.

La vérité comme droit fondamental

En démocratie, la vérité est un droit fondamental du citoyen. Et, par conséquent, un devoir absolu des gouvernants. Le simple fait d'admettre ce principe représenterait un grand pas dans la lutte au mensonge. Cela nous permettrait de reprendre pied.

Tout de suite, bien sûr, on rétorquera que ce principe est inapplicable, qu'on doit prévoir de nombreuses exceptions. Mais restons un moment sur le plan de l'absolu. Avant d'énumérer les limites dans l'exercice d'un droit ou d'une liberté, ne faut-il pas d'abord établir ce droit ? L'affirmer ? « Nous tenons ces vérités pour évidentes par elles-mêmes : que tous les hommes sont créés égaux ; que leur créateur les a dotés de certains droits inaliénables, parmi lesquels la vie, la liberté et la recherche du bonheur », proclame la Déclaration d'Indépendance américaine. Et non pas : « Nous aimerions bien que tous les hommes aient droit à la vie et à la liberté, mais nous savons que, dans la vraie vie, c'est impossible. »

Je soupçonne que la tolérance généralisée de la tromperie vienne en partie de la crainte d'être taxé de naïveté. « Voyons donc, Pratte, c'est la *game* ! » Cependant, est-il naïf d'affirmer que « toute personne a droit au travail » ? Que « tout individu a droit à la liberté d'opinion et d'expression » ? Que « chacun a droit à la vie, à la liberté et à la sécurité de sa personne » ? Que « toute personne a droit à un niveau de vie suffisant pour assurer sa santé, son bien-être et ceux de sa famille » ? Tous reconnaissent le bien-fondé de ces droits affirmés dans la Déclaration universelle des droits de l'Homme. Tous admettent aussi que ceux-ci peuvent, en certaines circonstances, être restreints, et que, en tout état de cause, nous sommes loin d'un monde où la Déclaration est intégralement respectée. Cela ne fait pas de ses auteurs des naïfs, ni ne rend moins importants les principes énoncés dans ce texte.

Le propre de la démocratie, c'est de consacrer le peuple source de l'État. Au peuple de déterminer comment la Cité sera gouvernée, et de choisir qui en dirigera la destinée. Ce pouvoir est usurpé lorsque le citoyen n'a plus en main les renseignements nécessaires à sa prise de décisions. « Si du moins la démocratie est bien le régime dans lequel les citoyens décident des orientations générales de la politique intérieure et extérieure, en choisissant par leur vote entre les divers programmes des candidats qu'ils désignent pour les gouverner, ce régime n'a de sens et ne peut cheminer dans l'intérêt de ses membres que si les électeurs sont correctement informés des affaires tant du monde que de leur nation », soutient Jean-François Revel[7].

La démocratie suppose en outre, de la part des gouvernants, une pleine confiance dans le jugement et la clairvoyance du peuple. Confiance, notamment, en sa capacité de gérer la vérité, si complexe ou effrayante soit-elle. En somme, il faut non seulement croire que les citoyens ont droit à la vérité, il faut également être convaincu qu'ils la méritent.

Le phare

L'idéal fixé, il reste à l'atteindre. La première étape consiste à y comparer la réalité. À plaquer celle-ci sur le modèle pour déceler les déformations, les torsions causées par la culture politique moderne. Établir la vérité comme exigence, c'est construire un phare d'où nous pouvons voir la mer de tromperies dans laquelle nous nageons.

Cela signifie-t-il que, dans la « vraie vie » politique, nous n'admettrons aucun mensonge, aucune demi-vérité, aucune cachotterie? Cela à tout le moins suppose que, chaque fois qu'un politicien y aura recours, il devrait être tenu de se justifier eu égard à un idéal de vérité, plutôt qu'à l'aune d'un « réalisme » qui admet le mensonge comme règle et non comme exception. Comme les autres droits, le droit à la vérité ne devrait être restreint qu'en des circonstances exceptionnelles. Et, pour reprendre

---

7. Revel, p. 233.

le libellé de la Charte canadienne des droits et libertés, « dans des limites qui soient raisonnables et dont la justification puisse se démontrer dans le cadre d'une société libre et démocratique ».

À la suite d'une telle démarche, le fardeau de la preuve retombe sur les épaules du menteur. Alors que, de nos jours, c'est généralement au tenant de la vérité, au « naïf », de prouver que le niveau admissible de mensonge a été dépassé. Une prémisse plus exigeante, écrit l'Américaine Sissela Bok, « donne un désavantage initial au mensonge. Elle établit que les mensonges ne sont pas neutres du point de vue de nos choix ; que mentir nécessite une explication, alors que ce n'est généralement pas le cas de la vérité[8]. » Le vaccin renforce le système immunitaire de la démocratie.

Les conséquences

Ce principe établi, la grande majorité des mensonges dont il a été question dans les chapitres précédents ne franchissent pas la barre. C'est-à-dire qu'ils ne peuvent être justifiés dans une société démocratique. Il est clair, par exemple, que ni les libéraux fédéraux ni les péquistes n'avaient de raison valable de tromper les électeurs sur leurs intentions ou sur le réalisme de leur programme. Que le devoir de vérité imposait aux combattants de la dernière campagne référendaire qu'ils mesurent mieux leurs arguments. Que Brian Mulroney n'aurait pas dû prétendre qu'il appuyait Joe Clark alors que ses partisans s'activaient contre lui. Que plutôt que de condamner Pierrette Venne parce qu'elle avait admis son intérêt pour la direction du Bloc québécois, ses collègues auraient dû exiger autant de candeur de la part des autres candidats éventuels. La seule justification de tous ces mensonges, c'est que la vérité risquait de nuire aux intérêts partisans des menteurs. La tromperie pouvait être rentable, elle n'était certainement pas nécessaire.

Il y a, de toute évidence, des cas plus difficiles. Celui, par exemple, d'un ministre des Finances inquiet de la tenue du dollar à qui on demande d'évaluer publiquement la situation. S'il dit la vérité sur ses états d'âme, le dollar chutera davantage. En mentant, il contribuera à maintenir la valeur de la devise. Dans une telle situation, on peut

---

8. Bok, p. 30.

certainement invoquer la raison d'État. Mais on peut aussi se demander si la confiance factice du ministre rassurera durablement les investisseurs. Si son inébranlable optimisme ne finira pas par nuire à la crédibilité de ses déclarations, de sorte qu'elles n'auront plus d'effet et que l'image du gouvernement auprès du marché sera irrémédiablement entachée. N'est-ce pas ce qui s'est produit dans les années 1980 alors que les gouvernements annonçaient, année après année, des réductions du déficit qui ne se concrétisèrent jamais ?

Les situations de négociations — négociations constitutionnelles, négociations employeur-syndicat — posent également problème. À l'heure actuelle, ces pourparlers suivent des règles où le *bluff* occupe le premier rang. Pourrait-on négocier sans y avoir recours ? C'est ce que croient en tout cas les apôtres de la « négociation raisonnée », une nouvelle approche de relations industrielles en vertu de laquelle les parties discutent cartes sur table.

Quoi qu'il en soit, l'exigence de vérité entraîne une profonde remise en question de comportements qui, jusqu'ici, étaient admis sans discussion.

Un nouveau langage

Il est difficile d'imaginer à quoi ressemblerait le langage politique si l'on adhérait rigoureusement au devoir de vérité, de l'imaginer sans un certain scepticisme, tellement la communication politique véridique se situe à des années-lumière de tout ce que nous connaissons. En esquissant cette « autre façon de parler », nous nous retrouvons dans la position inconfortable du militant pacifiste qui ose rêver d'un monde sans armes nucléaires. Le fait que la recherche de la vérité fasse ainsi sourire en dit long sur l'état du malade.

Supposons un parti politique profondément divisé au sujet du leadership de son chef. Dans l'état actuel des choses, les députés et les militants s'appliqueront, pour la plupart, à nier avec la dernière énergie toute dissension à ce sujet… pour ensuite se confier aux journalistes *off the record*. Qu'arriverait-il si députés et militants admettaient, ouvertement, leurs divisions ? « Suicidaire ! » s'esclafferont en chœur politiques et journalistes. Pourtant, quelle raison justifie ce mensonge ? L'intérêt du parti ? En vertu des principes établis plus haut, cela ne suffit pas.

Le parti exposant ses difficultés, le chef admettant son retard dans les sondages, le candidat confiant ses ambitions seraient tous, selon les credos politiques modernes, extraordinairement malhabiles, et la population leur ferait payer chèrement cette maladresse. En est-on certain ? La vérité a été si peu tentée dans nos démocraties qu'il semble passablement risqué de prédire de quelle manière la population — ne parlons pas ici des commentateurs — l'accueillerait. Surtout si, préalablement, cette population avait été *éduquée* à la vérité.

Nombreux sont ceux qui estiment que la vérité ne peut survivre au débat politique. « La difficulté, souligne Hannah Arendt, vient du fait que la vérité exclut tout débat, alors que le débat est l'essence même de la vie politique[9]. » Une campagne électorale fondée sur la vérité serait donc impossible ? On permettra au naïf que je suis d'espérer qu'il en soit autrement. Évidemment la politique comportera toujours une bonne dose d'affrontement. Néanmoins, rien n'empêche que ce combat se déroule dans le respect de la vérité.

En s'imposant un devoir de vérité, les libéraux de Jean Chrétien auraient dû mener une campagne passablement différente en 1993. Ils auraient dû admettre par exemple que, comme les conservateurs, ils estimaient devoir accorder la priorité à la lutte au déficit. Mais alors, comment libéraux et conservateurs se seraient-ils distingués les uns des autres ? L'électeur n'aurait-il pas été placé devant un non-choix ? Non. Pour se différencier, chaque parti aurait été forcé d'étudier les problèmes plus à fond, de raffiner son programme et de proposer aux électeurs des solutions plus précises. Le fossé aurait été moins large, mais mieux délimité. Le débat aurait porté sur des programmes de compressions plutôt que sur un choix entre deux options fictives : élimination du déficit versus priorité à l'emploi.

L'exigence de vérité forcerait donc les partis à mettre de l'avant des projets concrets et détaillés plutôt que des images floues et mensongères. Privés de la possibilité de faire croire qu'il n'y aurait plus de jeunes patients en attente de chirurgie à l'hôpital Sainte-Justine, les péquistes de Jacques Parizeau auraient dû expliquer en quoi précisément leur approche en matière de santé était différente de celle des libéraux. Élus sur cette base plutôt que sous de fausses représentations, ils auraient pu mener à bien leur réforme avec l'appui de la population.

---

9. Arendt, p. 115.

« Les gens ne comprendront pas ! » Le peuple n'est pas digne de la vérité ? Alors pourquoi le consulter ? Quelle valeur ont les commissions, les référendums et les sondages qu'on multiplie si les citoyens sont bêtes ?

Une révolution

L'invention d'une politique fondée sur la vérité nécessiterait des changements considérables dans la culture du système partisan. Des concepts tels que la discipline de parti et la solidarité ministérielle, qui dans leur acception actuelle sont fondés sur le mensonge, devraient être revus. En même temps, on ne peut l'ignorer, ces pratiques contribuent à la stabilité des gouvernements, stabilité qui est généralement dans l'intérêt populaire.

Il est bien vu, ces années-ci, de proposer un recours plus fréquent aux « votes libres » dans les parlements (c'est-à-dire des votes où les députés ne sont pas tenus de se plier à la discipline partisane). Mais, son tour au pouvoir venu, chaque parti reste fort timide à cet égard. Pourtant, la survie du gouvernement est rarement menacée par de tels votes. Les votes libres devraient donc être, en effet, beaucoup plus nombreux. Sur des questions dont dépend le sort du gouvernement, les budgets par exemple, on pourrait envisager de donner la liberté *de parole* aux députés récalcitrants, tout en leur intimant de voter avec la majorité. La vérité serait sauve en même temps que le cabinet. Le dissident aurait la possibilité de s'exprimer, puis de se ranger avec la majorité en invoquant *ouvertement* la nécessité de préserver le gouvernement en place. Si son désaccord était tel qu'il l'emporte sur la nécessité de sauvegarder cette stabilité, le dissident devrait alors voter contre le projet de loi et, en toute conscience, sortir des rangs du parti.

La même idée pourrait s'appliquer à la solidarité ministérielle. Pourquoi empêcher un ministre d'exprimer son désaccord ? Pourquoi faire partie d'un cabinet oblige-t-il au mensonge public ? Il y a, évidemment, des limites. Une politique de vérité n'autorise pas un ministre à faire campagne contre une décision gouvernementale qu'il désapprouve. Si le désaccord est sérieux à ce point, l'honnêteté exigerait que le ministre dissident démissionne pour défendre ses idées. C'est un aspect du problème qu'on oublie trop souvent : la discipline de parti ne joue pas seulement en faveur du chef. Elle permet aussi aux individus de se défiler. Privés d'exprimer publiquement leur dissidence, ils sont en mesure de la balayer sous le tapis de leur conscience. De préférer, sans que personne s'en rende compte, la limousine aux principes.

Les partis politiques abusent de la discipline de parti comme de la raison d'État. Prétendant se plier aux règles du parlementarisme, ils plient la démocratie à leur soif de pouvoir.

Comment y parvenir ?

Nous ne pouvons pas compter sur les politiciens pour se conformer d'eux-mêmes aux exigences de la vérité. La rentabilité du mensonge a été démontrée tant et tant que celui-ci constitue désormais l'alphabet du langage politique. Chez le politicien habile, le mensonge est une seconde nature, un réflexe.

C'est ce réflexe qu'il faut casser. Pour le faire, il n'y a qu'un moyen : renverser le cours de l'histoire, faire en sorte que les calculs coûts-bénéfices donnent désormais un résultat différent. Que la vérité devienne rentable. Le peuple doit donc récompenser la vérité, et punir le mensonge. Élire le politicien qui lui expose les problèmes dans toute leur complexité, et qui, tout en lui proposant un idéal, lui présente honnêtement les perspectives réelles des solutions. Rejeter celui qui propose des solutions simplistes et promet mer et monde. Il faut cesser d'exprimer notre mécontentement dans les seuls sondages et discussions de taverne.

Ce changement d'attitude nécessitera une vigilance constante, à l'endroit des acteurs politiques certes, mais surtout à l'égard de nous-mêmes ; nous aimons tant les solutions faciles ! La condition de cette vigilance, c'est la conviction que la vérité fait partie de nos droits. Que nous pouvons, que nous devons l'exiger. Les politiciens veulent notre vote ; à nous de le leur faire payer chèrement.

La part des médias

Cet effort suppose que le peuple, que NOUS souhaitions vraiment la vérité, c'est-à-dire que nous soyons constamment aux aguets, informés, réalistes, et d'une intolérance glaciale à l'égard du mensonge. La révolution du langage politique nécessite une transformation de la culture des citoyens. Une transformation difficile, certes. Mais pas impossible.

Après tout, dans bien d'autres domaines, les mentalités ont changé. Des comportements qui, il y a vingt ans, étaient jugés parfaitement normaux — traiter sa femme en quasi-esclave, par exemple — sont aujourd'hui rejetés par la majorité.

De tels changements n'arrivent pas spontanément. Il faut des pionniers. Il faut des militants. Les médias jouent, dans cette éducation progressive du public, un rôle fondamental. Cela sera d'autant plus vrai dans la construction de la politique de la vérité, que la presse occupe une position stratégique dans la diffusion du discours politique. S'il peut s'efforcer d'être moins facilement dupe, s'il peut exprimer son mécontentement par le vote, le peuple n'a ni le temps, ni les moyens de débusquer les mensonges de plus en plus habiles que concoctent les politiques à son intention. Pour cela, il ne peut s'en remettre qu'aux journalistes. Ceux-ci devraient donc avoir comme premier souci la recherche incessante, acharnée de la vérité. Chaque politique, chaque décision, chaque phrase de nos politiciens devraient être rapportées, analysées, jugées à l'aune de la vérité. La « vérité objective ». C'est-à-dire la réalité telle qu'elle est, complexe en même temps qu'accessible et démontrable. Il ne s'agit pas de tenir pour acquis que les décideurs disent toujours faux et que la vérité se situe nécessairement au pôle opposé. Les médias n'ont pas à être un contre-pouvoir ; il leur faut simplement être en faveur de la vérité.

Plus souvent qu'autrement, la réalité est un entre-deux. Une nuance plus difficile à exposer qu'un extrême, simplifiable mais souffrant mal la simplification. Voici donc le rôle des journalistes dans la croisade pour la vérité, croisade dont dépend la revitalisation de la démocratie : chercher la vérité, expliquer les faits. Plutôt que de mettre dos à dos les demi-vérités de chaque camp.

Dans le quotidien, cela pourrait se traduire :

• par une vérification scrupuleuse de la véracité des dires des uns et des autres, plutôt que la simple reproduction de leurs propos. Il s'agit notamment d'ajouter, pour le bénéfice du citoyen, non pas des commentaires, mais des références, des faits, des statistiques situant les déclarations des politiciens dans un contexte plus large, dans l'espace et dans le temps ;

• par une préoccupation plus grande à l'égard du contenu des programmes proposés et des mesures annoncées, sans négliger pour autant les considérations partisanes (ces dernières sont déterminantes dans les décisions que prennent les politiciens, il ne faut pas l'oublier). On est souvent frappé du peu de renseignements concrets fournis par les médias sur telle ou telle politique — deux ou trois paragraphes sur le fond du dossier, deux citations du ministre, deux citations de l'opposition, une réaction du milieu des affaires, une réaction des syndicats, point ;

• par un suivi tenace des différents dossiers, cette façon de faire remplaçant l'espèce d'hyperactivité qui nous fait sautiller d'un sujet à l'autre et permet aux politiciens de faire oublier un incident ou une politique impopulaire en lançant un autre morceau de viande au milieu de la meute. Le public gagnerait aussi à ce que les médias consacrent plus d'énergie à expliquer les choses au lieu de se démener pour publier une nouvelle quelques heures avant qu'elle ne soit annoncée officiellement ; ces scoops de pacotille ne contribuent en rien à la qualité de l'information, au contraire ;

• par une prudence accrue dans le traitement de dossiers controversés, la recherche patiente des faits l'emportant sur les titres spectaculaires et les jugements hâtifs ;

• par une extrême circonspection dans le recours aux sources anonymes ;

• par une attention constante au genre de relations entretenues avec les acteurs politiques, cette attention se traduisant notamment par une sorte de *glasnost* journalistique. Il s'agit, simplement, de *tout* dire à nos lecteurs. Rencontrant un groupe de reporters québécois il y a plusieurs années, un journaliste français leur avait laissé une règle aussi banale en apparence que révolutionnaire en pratique : « Racontez à vos auditeurs ou lecteurs ce que vous racontez à votre femme. »

Ces suggestions n'ont rien d'original. On en retrouve certaines dans le guide de déontologie de la Fédération professionnelle des journalistes du Québec, guide qui comporte d'ailleurs un chapitre intitulé « Vérité et rigueur ». Cependant, plus que telle ou telle pratique, c'est l'attitude, la philosophie des médias qu'il faut changer. Les journalistes, par exemple, devraient rajuster leur conception du temps. Prendre davantage le temps de penser, de fouiller, de lire. Et surtout donner au public le temps et les moyens de réfléchir.

Plutôt que de toujours jouer le rôle d'amplificateur, la presse devrait parfois jouer celui de modérateur. Plutôt que d'accélérer la réalité, elle devrait la ralentir et la présenter sous tous ses angles. La machine médiatique fonctionne aujourd'hui à un rythme tel qu'avant même que la majorité des électeurs aient eu conscience d'une déclaration, les journalistes ont obtenu une multitude de réactions — fondées souvent sur des rapports de presse incomplets — réactions auxquelles l'auteur de la déclaration initiale sera lui-même appelé à réagir sans en avoir sérieusement pris connaissance. Le tout servi dans un mitraillage de clips de cinq secondes. Le pauvre citoyen se retrouve au volant d'une Formule 1… sans freins !

Il est vrai que, au moment où un journalisme de vérité, d'éducation politique est plus essentiel que jamais, les circonstances le rendent de moins en moins attrayant aux yeux des entreprises de presse. Dans un contexte économique difficile, alors que la concurrence est féroce, on encourage les reportages spectaculaires et touchants ; mais cette prime à l'émotion dénature l'information tel un jeu de miroirs déformants, grossissant des faits anecdotiques au-delà de toutes proportions et aplatissant les questions importantes qui ont le malheur de ne pas fournir de bonnes images. On admet les dossiers de fond… « mais fais ça court ! » On veut bien encourager le journalisme d'enquête… à la condition que l'enquête soit brève. On souhaite que les journalistes connaissent leur sujet… mais on refuse qu'ils se spécialisent. On aimerait qu'ils produisent des reportages différents… tout en faisant comme la compétition (« Comment ça se fait que t'as manqué cette nouvelle-là ?!? »).

Le journalisme *pédagogique* prôné ici exigerait de la part des patrons de presse que la vigilance professionnelle reprenne le pas sur l'obsession administrative, que la préférence soit redonnée au substantiel plutôt qu'à l'aguicheur, à l'essentiel plutôt qu'au bruyant. En somme, à l'information plutôt qu'aux cotes d'écoute. En pariant qu'une information de qualité sera récompensée — ô surprise ! —… par des cotes d'écoute.

La prescription

Sans rien ajouter, Pinocchio prit la bougie, et, pas-
sant devant pour éclairer, il dit à son père :
— Suivez-moi, et n'ayez pas peur.

Pinocchio

P our le politicien comme pour le citoyen et le journaliste, le chemin
de la guérison, de la vérité, n'est pas le plus aisé. La gestion des
institutions politiques serait plus délicate, les choix de chacun seraient
plus complexes, les débats seraient moins divertissants.

Pour entreprendre la lutte contre le syndrome de Pinocchio, il faut
être animé par la conviction qu'un régime politique fondé sur le mensonge est destiné au pourrissement. Lent peut-être. Mais inexorable. Un
tel système entraîne un mépris et une méfiance qui finiront par émas-
culer l'État. Par faire de celui-ci une sorte de moulin à vent dont les bras
ne sont plus reliés à la meule, et dont les mouvements n'intéressent plus
que quelques Don Quichote.

Un système fondé sur la vérité engendrerait au contraire le respect
et la confiance entre gouvernants et gouvernés. Un climat qui nous permettrait d'attaquer de front les défis de notre époque. Moins grâce à un
consensus factice qu'armés d'une saine acceptation de décisions découlant d'un cheminement démocratique authentique.

Mais pour emprunter cette voie, il faut du courage. Le courage pour
le politicien de mettre à l'essai, contre vents et marées, une nouvelle

façon de faire de la politique. Si une telle politique se révèle rentable, elle deviendra contagieuse.

Cette rentabilité dépend avant tout du courage dont sauront faire preuve les citoyens. Le courage de voir la vérité en face, de faire les choix difficiles, de préférer les plaideurs de vérité aux marchands d'illusions.

Mais le peuple n'y arrivera que si la presse lui montre la voie. Les journalistes doivent donc avoir le courage, eux aussi, de chercher la vérité. Et l'imagination de rendre leur quête aussi attrayante que l'information spectacle d'aujourd'hui. Cela signifie une nouvelle façon de faire du journalisme.

En somme il faut trouver en nous... le courage de Pinocchio.

Bibliographie

Accoce, P. et Rentchnick, P., *Ces malades qui nous gouvernent*, Paris, Stock, 1976.
Ces nouveaux malades qui nous gouvernent, Paris, Stock, 1988.

Arendt, H., « Truth and Politics », *Philosophy, Politics & Society*, Oxford, Laslett, P. & Runciman, W. G. ed., Basic Blackwell, 1967.

Bailey, F. G., *The Prevalence of Deceit*, Ithaka, New York, Cornell University Press, 1991.

Barnes, J. A., *A pack of lies : Towards a sociology of lying*, Cambridge, New York, Cambridge University Press, 1994.

Bernstein, C. et Woodward, B., *All the President's Men*, New York, Simon & Schuster, 1974.

Bernstein, C., « The Idiot Culture », *The New Republic*, 8 juin 1992, p. 22-28.

Blizzard, C., *Right Turn : How the Tories Took Ontario*, Toronto, Dundurn Press, 1995.

Bok, S., *Lying : Moral Choice in Public and Private Life*, New York, Pantheon Books, 1978.

Christians, C. G., Fackler, M. et Rotzoll, K. B., *Media Ethics : Cases and Moral Reasoning*, 4ᵉ édition, White Plains, New York, Longman Publishers, 1995.

Collodi, C., *Les Aventures de Pinocchio, histoire d'un pantin*, Paris, Gallimard, 1985.

Dabbs, F., *Ralph Klein : A Maverick Life*, Vancouver, Greystone, 1995.

DePaulo, B.M., « Lying in Everyday Life », *Journal of Personality and Social Psychology*, vol. 70, n° 5, 979-995, 1996.

Ekman, P., *Telling Lies : Clues to Deceit in the Marketplace, Politics and Marriage*, New York, WW Norton, 1985.

Fallows, J., *Breaking the News : How the Media Undermine American Democracy*, New York, Pantheon Books, 1996.

Fife, R., *Kim Campbell : the making of a politician*, Toronto, Harper Collins, 1993.

Fraser, A., Dawson, W. F. et Holtby, J. A., *Jurisprudence parlementaire de Beauchesne*, 6ᵉ édition, Toronto, Carswell, 1991.

Freedman, L. et Karsh, E., *The Gulf Conflict 1990-1991 : Diplomacy and War in the New World Order*, Princeton, New Jersey, Princeton University Press, 1993.

Gordon, M. R. et Trainor, Gen. B. E., *The General's War : The Inside Story of the Conflict in the Gulf*, Boston, Little, Brown & Co., 1994.

Graham, R., *One-Eyed Kings : Promise and Illusion in Canadian Politics*, Toronto, Collins, 1986.
All the King's Horses : Politics Among the Ruins, Toronto, Macfarlane, Walter & Ross, 1995.

Graubard, S. R., *Mr Bush's War : Adventures in the Politics of Illusion*, New York, Hill and Wang, 1992.

Greenspon, E. et Wilson-Smith, A., *Double Vision : The Inside Story of the Liberals in Power*, Toronto, Doubleday, 1996.

Harrison, T., *Of Passionate Intensity : right-wing populism and the Reform Party of Canada*, Toronto, University of Toronto Press, 1995.

Kahn, J.-F., *Essai d'une philosophie du mensonge*, Paris, Flammarion, 1989.

Kerr, P. dir., *The Penguin Book of Lies*, London, Viking, 1990.

Klingermann, H. D., Hofferbert, R. I. et Budge, I., *Parties, Policies and Democracy*, Boulder, Westview Press, 1994.

Kornbluh, P. et Byrne, M., dir., *The Iran-Contra Scandal : the Declassified Story*, New York, The New Press, 1993.

Laschinger, J., *Leaders and Lesser Mortals : backroom politics in Canada*, Toronto, Key Porter, 1992.

Lenain, P., *Le Mensonge politique*, Paris, Economica, 1988.

Lesage, G., « L'information politique à Québec : de Duplessis à Lévesque : les journalistes au pouvoir ? », Sauvageau, F., Lesage, G. et de Bonville, J., *Les Journalistes*, Montréal, Québec/Amérique, 1980.

Lisac, M., *The Klein Revolution*, Edmonton, NeWest Press, 1995.

Lisée, J.-F., *Le Tricheur*, Montréal, Boréal, 1994.
Le Naufrageur, Montréal, Boréal, 1994.

Litchtenberg, J., « In Defense of Objectivity », Curran, J. et Gurevitch, M. dir., *Mass Media and Society*, London, Edward Arnold, 1991.

Machiavel, *Le Prince*, Paris, Le Livre de Poche, 1972.

Maingot, J., *Parliamentary Privilege in Canada*, Toronto, Butterworths, 1982.

McLaughlin, D., *Poisoned Chalice*, Toronto, Dundurn Press, 1995.

Martin, L., *Chrétien : The Will to Win*, vol. 1, Toronto, Lester Publishing, 1995.

Monière, D., *Le Discours électoral : les politiciens sont-ils fiables ?*, Montréal, Québec/Amérique, 1988.

Morin, C., « Les autorités politiques et l'information », Bélanger, R. et Giroux, G., *Éthique de la communication publique et de l'information, Cahiers de recherche éthique* n° 17, Montréal, Fides, 1992.

Mueller, J., *Policy and Opinion in the Gulf War*, Chicago, University of Chicago Press, 1994.

Orwell, G., *Nineteen Eighty-Four*, Penguin, 1972.
Trois Essais sur la falsification, Paris, Éditions 13 bis, 1987.

Peters, C., *The New World Order at Home and Abroad*, Boston, South End Press, 1992.

Powell, C., *My American Journey*, New York, Random House, 1996.

Powell, J., *The Other Side of the Story*, New York, William Morron & Co., 1984.

Revel, J.-F., *La Connaissance inutile*, Paris, Grasset, 1998.

St-Pierre, J., « Le Journal des Débats », Bulletin de l'Assemblée nationale 11 (2), juin 1981.

Saul, J., *Les Bâtards de Voltaire*, Paris, Payot, 1993.

Sawatky, J., *Mulroney : the politics of ambition*, Toronto, Macfarlane & Ross, 1991.

Schudson, M., « The Sociology of News Production Revisited », Curran, J. et Gurevitch, M. dir., *Mass Media and Society*, London, Edward Arnold, 1991.
« Truth Telling, Lying and Self-Deception », *Social Research*, vol. 63, n° 3, automne 1996.

Solomon, R. C., « What a Tangled Web : Deception and Self-Deception in Philosophy », Lewis, M. et Saarni, C., *Lying and Deception in Everyday Life*. New York, Guilford Press, 1993.

Trudeau, P. E., *Mémoires politiques*, Montréal, Le Jour Éditeur, 1993.

Vastel, M., *Bourassa*, Montréal, Les Éditions de l'Homme, 1991.

Weston, G., *Reign of Error : The Inside Story of John Turner's Troubled Leadership*, Toronto, McGraw-Hill Ryerson, 1988.

Woodward, B., *The Commanders*, New York, Simon & Schuster, 1991.

Wroe, A., *Lives, Lies and the Iran-Contra Affair*, London, I. B. Tauris, 1991.

Table des matières

MISE EN PAGES ET TYPOGRAPHIE :
LES ÉDITIONS DU BORÉAL

ACHEVÉ D'IMPRIMER EN FÉVRIER 1997
SUR LES PRESSES DE L'IMPRIMERIE AGMV,
À CAP-SAINT-IGNACE (QUÉBEC).